बेगम हजरत महल

बेगम हजरत महल

प्रो. अशोक कुमार शर्मा

GenNext Publication

बेगम हजरत महल

ISBN: 978-93-8022-270-7
मूल्य: ₹ 100.00

भारत में सन् 2015 में प्रकाशित

जेन्नक्स प्रकाशन
5, अंसारी रोड़ दरिया गंज,
नई दिल्ली-110002
मो. : 9212142040
ई-मेल:gennext@hotmail.com

टंकण: राजेन्द्र वशिष्ट, दिल्ली

मुद्रित: जी. प्रिंट प्रोसेस, दिल्ली

विषय–सूची

आदाब अर्ज किया है !

'आदाब–अर्ज', नमस्ते, सत्श्रीअकाल, सलाम का अवधी तरजुम्मा है। आदाब से मतलब इज्जत, अर्ज के मतलब पेशगोई यानि जनबा की खिदमत में इज्जत आफजाई पेश है। नवाब वाजिद अली शाह ने अवधी में इसे रचा और पेश किया, यह लश्करी जुबान उर्दू की वह पेशकेश थी जिससे किसी खास मजहब से जुड़े होने की खासयित नही थी यह तो महज गँगा–जमुनाई तहजीबी सम्बोधन का एक नमूना मात्र है।

वक्त की चादरें ओढ़े तहजीब की मुरझाईयों भरा शहर लखनऊ का मुखौटा हमें एहसास करवाता है कि हम किसी ऐसी चौखट पर आकर खड़ें हैं जहाँ से हमारा अतीत हमें झांक रहा है और दावतनामा पेश कर रहा है कि आईये मुस्कुराइयें कि आप लखनऊ में हैं। हमसे रूबरू होईये, हमें पहचानइयें और मुमकिन हो सके तो गुजरते वक्त के साथ हमें गुजरनें ना दीजिये, अरे हमतो आपके अतीत हैं, धरोहर हैं, हमें बचा लीजिए। हमारी आवाज सियासती कानों को सुनाई नही देगी। हम तो आपकी ओर हसरत की नजर रखते हैं हमें आपके तवज्जों की जरूरत है आपके ऐहतरामेकरम को आगोश में छिपा लेना चाहतें हैं। आपकी संजीदगी से हमें रूहानी ताकत हासिल होती है। हमें

जिन्दा रहने का जज्बा पैदा होता है और हम मुस्कुरा उठते हैं और आपकी मुस्कुराहट में शमिल हो कह उठते हैं,

आदाब–अर्ज।

सूफियाना लखनऊ

सूफी सन्त/फकीर जनबा शेख कवामुद्दीन (1436 ए.डी.) और जनाब शाह मीनार (1465 ए.डी.) का जिक्र किये बगैर तफ्तीशे लखनऊ पूरी नही होगी। दोनो की मजारें लखनऊ मेडिकल कालेज में स्थापित हैं, दो और मजारें हैं जिन पर निगाह पड़ती है वह नादान महल रोड प्रकाश सिनेमा से पहल रस्तोगी आयुर्वेदिक औषधालय के पास लाल पत्थर की हैं। एक मजार 1590 ए.डी. में बादशाह अकबर के गर्वनर जो इस प्रदेश को देख रहे थे शेख अब्दुल रहीम और दूसरी उनके पिता इब्राहिम चिश्ती (1533–34) की हैं।

लखनऊ की इमारतों और उ.प्र. विधान सभा भवन पर अंकित मछलियों का महत्व

बौद्ध धर्म में मछलियों के एक जोड़े को – 'सैरेनिआँ' कहा गया है। सैरनियाँ का तात्पयै है अध्यात्मिक क्षमता जिससे हम विषमताओं के विपरीत तैरने में सक्षम होते हैं तथा इससे हमें संसारिक कष्टों से विमुक्ति प्राप्त होती है। दो मछलियों का जोड़ा उन दो सत्यों का भी परिवाचक है जो संसारिक तथा बह्हम सत्यों की श्रेणी में आते हैं। बौद्ध मत से प्रभावित हो कर अवध नवाबों ने मछलियों को अपना प्रतीक बनाया हो इसकी सम्भावना कम लगती है।

बोद्ध धारण से भिन्न, गालिब ने एक खवाज खिज्र का जिक्र अपनी शायरी मे किया है। खिज्र को अमृत्य और मौत से ऊपर माना गया है। खिज्र की सवारी (माही) मछली मानी गयी है। जिससे आबे–हयात..... हैं और जो सदैव जीवित है। ऐसी भी धारणा है कि नवाबों ने मछली को दुखों/कष्टों के भवसागर से पार लगाने का प्रतीक मान अपने चिन्ह के रूप में अपनाया।

'माही मारातिब' खिताब से खास लोगों को नवाजा जाता था। जिन लोगों को इस रूतबे से नवाजा जाता था उन्हें सुनहरे तागों से कढ़ी एक जोड़ा मछलियों और खिल्लत गले में पहनाई जाती थी। वर्तमान लखनऊ मेडिकल कालेज जिस टीले पर बना है वहाँ नवाब ने मच्छी भवन बनवाया था। कहा जाता है कि मच्छी भवन का मूल नाम "मच्छी बावन" था।

प्रथम टाउन प्लैनिगं प्रयास

अंग्रेजों ने कहा कि हकूमत करने वालों और जिन पर हकूमत होती है के बीच दूरियॉ बनाना लाजमी है। ऐलाने हुक्म हुआ कि संकरे रास्ते, घनी बस्तियॉ, हटाकर साफ कर दी जायें और चौड़ी सड़कें जैसे इमामबाड़े से सीधे (बर्तमान एम जी रोड) लोहेवाले पुल तक टीले वाली मस्जिद के सामने से होते हुए सड़क रेजीडेन्सी से पहले दो हिस्सों में बॉट दी जाये, एक सड़क ठन्डी सड़क कहलाये जो गोमती के किनारे किनारे सीधे छतर मंजिल से पहले टीले वाली मस्जिद से आने वाली सीधी सड़क (एम जी मार्ग) से मिला दी जाये। वर्तमान गोमती बंधा सन् 1960 के बाद इसी ठन्डी सड़क पर बनाया गया है। ठन्डी सड़क और सीधी सड़क के बीच लोहे वाले पुल से टेढ़ी कोठी तक एक खुशनुमा पार्क बनाया गया जिसके मध्य में एक बेहतरीन फुहारा लगाया गया। ठन्डी सड़क और पार्क के आधे हिस्से में बन्धा और वर्तमान पार्क (शहीद) बना दिया गया है।

रेजीडेन्सी से 2 कि0 मी0 दूरी पर पीर जलील, वजीरगंज बस्ती थी, रेलवे लाइन की तरफ खलायकबाग जिसमें अमरुदों के बगीचे हाथी पार्क के सामने से सिटी स्टेशन तक फैले थे। वर्तमान रीवर बैंक कालौनी, तारा मंडल आदि खुला मैदान थे। तारा मंडल वाले स्थान से गुजरता एक नाला गोमती नदी में मिलता था। यह नाला वजीरगंज, गोलागंज होता हुआ शहर की गन्दगी गोमती में गिराता था। लखनऊ का उपरोक्त संशोधित मानचित्र 1877 में रायल इन्जीनियर्स के क0 रौबर्ट नेपियर ने बनाया था। लखनऊ के हृदयस्थली से उन्होने सात चौड़ी सड़कों का निर्माण करवाया ताकि किसी भी आपदा में अंग्रजी फौजें आसानी से आवाजाही कर सकें। शहर के पूर्वी छोर पर स्थापित लामर्टिनियर स्कूल और गोमती नदी के मध्य पड़ने वाले सभी भवन ध्वस्त कर दिये गये थे। जो भवन ध्वस्त होने से बच गये थे उनके चारों ओर खुला मैदान चारों ओर छोड़ दिया गया था ताकि हर हरकत पर नजर रखी जा सके।

अंग्रेज पूर्व में नवनिर्मित कैन्टोनमेन्ट और सिविल लाइन्स में रहते थे। अंग्रेजों ने महसूस किया था कि जंगे आजादी में लड़ाई में तो उनके सैनिक कम मरे थे पर मलेरिया, खसरा, चेचक, कालाजार आदि आदि रोगों से चूँकि ज्यादा नुकसान हुआ था और इन रोगों का कारण घनी बस्तियॉ, गन्दे नाले, मच्छर, मक्खी और विस्तृत गन्दगी था। अतः उन्होने चौक, शहादतगंज, मौलवीगंज, वजीरगंज नख्खाश से हटकर पूर्व में अपना आशियाना बसाया था।

शहर के फेफड़े

अंग्रेजों ने सर्वप्रथम शहरों में 'हरे फेफड़े' स्थापित करने की शुरूआत 1877 के आस–पास कर्नल रौबर्ट – नैपियर, रायल इन्जीनियर्स द्वारा की गई थी। हरे–भरे पार्कों की स्थापना हरे

फेफड़ों से की गई थी। हिन्दू और मुस्लमानों के शवदह स्थल तथा कब्रिस्तान शहर के अन्दर धनी बस्तियों से हटाकर शहर के बाहर जैसे कर्बला, गुल्लाला, भैंसाकुण्ड ले जाये गये थे। शहर की गन्दगी ढ़ोने के लिए नाले खोदे गये और लखनऊ में सर्वप्रथम नगर पालिका प्रणाली, नियम–कानून लागू किये गये जो अब तक प्रचलित हैं। नगर पालिका नियमों की प्रथम श्रेणी में लखनऊ की स्वच्छता सम्बन्धी प्राविधान किये गये थे।

अंग्रेज हुक्मरानों में महारानी विक्टोरिया सिविल सर्वेन्टस में हार्डिगं नैपियर, बटलर, हेवलौक, कैनिंग, हेनरी, लौरेन्स, कैम्पवल, मार्टिन, हेविट केनाम पर सड़कों, भवनों, लोक स्थलों का नामकरण किया गया।

अंग्रेजों के शौक थे टेनिस, तैरना, ताश, शराब, नाचना सो कैन्टोन्मेन्ट में मोहम्मद बाग क्लब की स्थापना उन्होंने अपने शौक पूरे करने के लिए की। इस क्लब में अंग्रेजों को छोड़ कर हिन्दूस्तानी अन्दर नही जा सकता था। इसी रूकावट के मद्देनजर अवध के पश्चिमी छोर पर 'रफे–आम क्लब' स्थापित किया था। रफे–आम तो खत्म हो गया है पर मोहम्मद बाग का रूतबा अब भी बुलन्द है।

अमीनाबाद

सन् 1901–02 वर्तमान अमीनाबाद का स्वरूप कुछ पुराने मकान, गन्दे नाले, चुड़ी, सूई ताँगा, पनसारी तथा हलवाई की दुकाने इनमे तेल की कुप्पियाँ जलती थी, किसी गड़बड़झाला जैसा था। बेतरीब कच्चे–पक्के मकान, संकरी गलियां, हातेनुमा माहौल का नाम था अमीनाबाद। सन् 1904 में बाबू गंगा प्रसाद वर्मा (1863–1914) के नेतृत्व में नये अमीनाबाद की कल्पना की गई

थी। आज से (2013) 109 वर्षों पूर्व एक टीले पर दो बड़े पार्क उसके चारो ओर बाजार और सड़कें, एक पार्क में घन्टाघर और दोनों पार्कों में बड़ें फुहारें बनाने का प्रस्ताव नागरिकों की ओर से अंग्रेज शासकों को प्रस्तुत किया गया था। 1908 तक लगातार चार वर्षों तक प्रस्तावित योजना का स्थानीय लोगों ने विरोध किया था।

अन्तः में, 16 फरवरी 1911 का ले0 गर्वनर सर जेम्स डिग्गीस ला टूस ने योजना का विधिवत उद्‌घाटन किया था। कैसरबाग अमीनाबाद से चारबाग (लाटूश रोड़) और अमीनाबाद से नक्खास–रकाबगंज सड़कें तथा हनुमान मंन्दिर पार्क और झंडें वाले पार्क के मध्य में बने भवन जिनमे एक तरफ पंजाब ज्वैलर्स ऊपर खुन–खुन जी ज्वैलर्स और पीछे की ओर डा0 चटर्जी वाले भवन नही थे। सन् 1913 में झन्डे वाला पार्क बन कर तैयार हुआ था। लखनऊ में गोमती नदी को यदि मुख्य केंन्द्र मानें और हनुमान सेतु से चौक की और चले तो रिवर बैंक कालोनी चौराहे से चढ़ाई शुरू हो जाती है, रेल के छत्ते के नीचे से शाहमीना रोड़ पूरी चढाई है जिसके टीले पर पहले मच्छी भवन और वर्तमान मेडिकल कालेज, डेन्टल कालेज आदि बना है। हनुमान सेतु (हजरतगंज) के आकाशवाणी भवन से आगे बढ़तें हैं तो स्टेशन रोड तक चढ़ाई पड़ती है। हनुमान सेतु से केसरबाग की ओर बढ़ने पर भी जिमखाना क्लब से शनैः–शनैः चढ़ाई शुरू हो जाती है और श्रीराम रोड़ तक पहुँचते–पहुँचते अमीनाबाद बायें ओर टीले पर बसा हुआ है। परन्तु लखनऊ का विशेष विकास टीले वाली मस्जिद के पश्चिम में हुआ लखनऊ के वर्तमान मोहल्ले जिनका ऐतिहासिक इतिहास निम्न है –

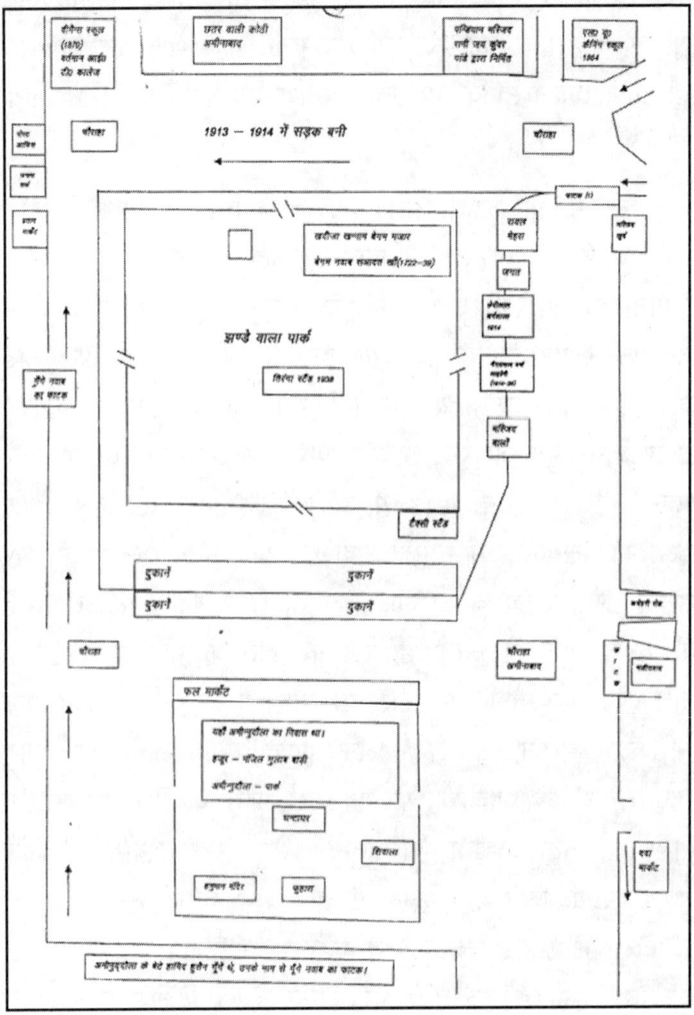
छतर वाली कोठी अमीनाबाद
चौराहा
1913 — 1914 में सड़क बनी
चौराहा
झण्डे वाला पार्क
टैक्सी स्टैंड
दुकानें
दुकानें
दुकानें
दुकानें
चौराहा
चौराहा अमीनाबाद
फल मार्केट
यहाँ अमीनुद्दौला का निवास था।
अमीनुद्दौला — पार्क
अमीनुद्दौला के बेटे हामिद हुसैन गूँगे थे, उनके नाम से गूँगे नवाब का फाटक।

दिल्ली वालान किला

सन् 1788 में रोहिल्ला सरदार गुलाम कादिर ने मुगल बादशाह शाह आलम द्वितीय पर हमला बोल दिया और उसकी आँखें फोड़ दी। बादशाह पुत्र मिर्जा मुहम्मद सुलेमान शिकोह ने लखनऊ आकर नवाब से शरण माँगी। सुलेमान शिकोह की माँ कुदसिया बेगम इरानी राज परिवार से थी और शिया थीं। आसिफुद्दौला ने शिकोह परिवार को पडाइन का बाग तथा आसपास का बड़ा भाग आवास के लिए दे दिया। इन्होंनें यहां एक इमामबाड़ा, कोठी, जनानखाना (रानी निवास), लंगारखाना, मुसाफिरखाना, फीलखाना, अस्तबल, बाग–बगीचे और 700 दुकानों का एक बजार 18वी सदी के अन्त में बनवाया। बाद में इसका उपयोग मुम्ताज कालेज के लिए किया जाने लगा, बाद में इसके स्थान पर बाजार के लिए भवन बना दिया गया जहाँ आज प्रताप मार्केट गूँगें नवाब के हाते में बसा हुआ है। इस क्षेत्र का नाम उस समय 'दिल्ली वालान किला' था।

नवाब वाजिद अली शाह के पिता अमजद अली शाह के उस्ताद का नाम इमदाद हुसैन खाँ था। जिन्हें नवाब ने अपना प्रधानमंत्री नियुक्त कर 'अमीनुद्दौला जुल्फिकार जंग', की उपाधि प्रदान की। अमीनुद्दौला ने मुगलवंशज शिकोह परिवार से पड़ाइन के बाग और आस–पास का क्षेत्र रू0 28,00 में खरीद लिया और पूरे क्षेत्र का नाम रखा– अमीनाबाद।

मौहम्मद बाग और रफे– आम की तर्ज पर ही बाजार चौक और हजरतगंज अवधवासियों और अंग्रेजों के लिए बने। इस दौरान अवध के ताल्लुकेदारों की रूतबा–अफजाई हुई। अंग्रेजी के साथ–साथ उर्दू ने भी तरक्की की। इसी काल में नेशनल बॉटेनिकल गार्डन्स की भी स्थापना हुई। सन् 1864 के सदी में अंग्रेजों ने 'कैनिंग हाई स्कूल' वर्तमान लखनऊ विश्वविद्यालय, लखनऊ म्यूजियम, लखनऊ मेडिकल कॉलेज (1906) की स्थापना की थी।

हुसैनाबाद टावर

बा–मुलायजा होशियार अवध के प्रथम लेफ्टीनेन्ट गर्वनर सर जार्ज कूपर लखनऊ सन् 1887 में तशरीफ ला रहे हैं उनकी इज्जत में हुसैनाबाद ट्रस्ट अंजीम शाने शौकत से हुसैनाबाद घन्टाघर बनाकर उनका इस्तगबाल करता है।

हुसैनाबाद घंटाघर

20 फीट चौड़ा और 221 फीट ऊँचा घन्टाघर हुसैनाबाद की वादियों में बनाया गया था। आज 113 सालों बाद भी यह खूबसूरत टावर शान से खड़ा है पर इसकी घड़ियाँ खराब हो चुकी हैं। घड़ियाँ और मशीन गनमैटल की बनी हुई हैं, इसे लन्दन के लुईगेट हिल से पानी के जहाज से लाया गया था। सन 60 के दशक तक इसमें घन्टों की आवाज बेहतरीन सुरों में

दूर–2 तक सुनाई देती थी। घड़ी का मुख्य चक्र डेढ़ इंच मोटा गन मैटल का बना है जिसका आयत 2 फीट का है। 2 फीट का घेरा लन्दन की मशहूर बेस्ट मिनिस्टर स्थापित बिग बैन घड़ी से बड़ा है।

लखनऊ विश्वविद्यालय

कैसरबाग बारादी के पास लखनऊ के ताल्लुकेदारों ने 1864 में कैनिंग हाई स्कूल की स्थापना की थी। सन 1905 में कैनिग कालेज ने 90 एकड़ भूमि बादशाह बाग में आर्जन की जहॉ 1911 में वर्तमान लखनऊ विश्वविद्यालय भवन स्थापित किया गया था। सन 1922 में लखनऊ विश्वविद्यालय को स्वतंत्र स्वरुप प्राप्त हुआ था उससे पूर्व यह कलकत्ता तथा इलाहाबाद विश्वविद्यालयों से संबद्ध संस्थांन था।

लखनऊ विश्वविद्यालय को कैसरबाग से जाने के लिए गोमती पुल जिसे बन्दरिया पुल कहते थे एकमात्र रास्ता था। बन्दरिया

लखनऊ की सड़के / बाजार मोहल्ले कब बने

क्रम सं0	स्थान के संस्थापक	स्थान का पूर्व नाम	स्थान का वर्तमान नाम	स्थान वर्तमान में कहां है ?
1	शेख कवामुद्दीन	मजार 27 फरवरी 1486	के.जी.एम.यू., नर्सेज हास्टल के सामने	मेडिकल कालेज के अन्दर चौक
2	शाह मीना	मजार 1479	के.जी.एम.यू. ओपीडी भवन के बगल में	डेन्टल और के.जी.एम.सी के मध्य चौक
3	मुगल बादशाह बाबर	टकसाल लखनऊ 1528	चाँदी के सिक्के चलवाये	
4	पँचमहल शेखाँ दरवाजा	लक्ष्मण टीला		
5	सूबेदार अब्दुल रहीम	मच्छी भवन	के.जी.एम.यू.	चौक
6	शहजादा सलीम	मिर्जामन्डी	चौक	चौक
7	बादशाह शहजहाँ के सूबेदार अली शाह कुली नेबसाया	• महमूदनगर • फाजिलगंज • मंसूरनगर		
8	रिसालदार असरफ अली खाँ ने बसाया	अर्शफाबाद		
9	रिसालदार के भाई मुखरफ अली खाँ ने बसाया	मुसरफाबाद	नौबस्ता	नक्खास

क्रम सं0	स्थान के संस्थापक	स्थान का पूर्व नाम	स्थान का वर्तमान नाम	स्थान वर्तमान में कहां है ?
10	औरंगजेब	• शाहपीर मुहम्मद टीले वाली मस्जिद • आलमनगर • महबूब नगर • शाहगंज	लक्ष्मण टीला	चौक
11	मुहम्मद शाह रंगीले के अवध सूबेदार गिरिधर नाग की पत्नी के नाम पर बसाया गया	रानी कटरा	–	चौक
12	बुरहानुल्मुल्क नवाब (पहले) सआदत अली खाँ ईरानी मूल के थे असली नाम मुहम्मद अमीन था। (1722–1739 ई0) (इनके नाम से अमीनाबाद बना) पहले नवाब की पत्नी खदीजा खानम की कब झंडे वाले पार्क के पच्छिम में है। 1912 तक कब्र पर मकबरा भी था जो धीरे–धीरे नष्ट हो गया। नवाब बेगम खदीजा खानम की कब्र के सामने पडाइन की मस्जिद है बेगम की मूँह बोली बहन रानी जय कुवंर पाण्डे ने इसे बनवाया था।	• कटरा जहाँगीर (तुलसीदास मार्ग) • कटरा मुहम्मद अली • कटरा खुदायार खाँ • कटरा वफा बेग • कटरा आबूतुराब • कटरा विजनबेग • सराय माली खा • इस्माइलगंज	तोप दरवाजे के पास तोप दरवाजे के पास मेंहदीगंज के पास चौपटियों के पास कटरा जहांगीर और बेगमगंज के नाले के बीच कटरा मुहम्मद अली के निकट ठाकुरगंज रोड़ पर रफीकुददौला कर्बला काकोरी रोड़ पर	मौलवीगंज गोलागंज रस्तोगी टोला लखनऊ उत्तर – पश्चिम में लखनऊ–हरदोई रोड

क्रम सं0	स्थान के संस्थापक	स्थान का पूर्व नाम	स्थान का वर्तमान नाम	स्थान वर्तमान में कहां है ?
13	नवाब आसिफुद्दौला	• शीश महल • दौलतखाना • रूमी दरवाजा • आसफी इमामबाड़ा • बिबियापुर कोठी • चिनहट कोठी • चारबाग • ऐशबाग एवं बारादरी • अस्तबल अहियागंज	• अब खंडहर हो चुका है • अमीनगंज • फतेहगंज • श्रकाबगंज • नक्खास • दौलतगंज • बेगमगंज • नवाबगंज • खानसाम हाता • टिकैतगंज / राजाबजार • तिरमिनीगंज	• टिकली हुसैन की छावनी • हसनगंज (डालीगंज) • बावली • भवानीगंज ' बालागंज • कश्मीरी मोहल्ला • सूरत सिंह का हाता • नवाबगंज ' तहसीनगंज • खुदागंज, नगरिया. अलीगंज • अम्बरगंज. महबूबगंज. तोपखाना • ख्यालीगंज. झाऊ लाल का पुल
14	वजीर अली खाँ पुत्र नवाब असिफुद्दौला	वजीरगंज	गोलागंज मोहल्ले में	
15	नवाब नसीरूद्दीन हैदर	• जंगलीगंज • मकबूलगंज • गनेशगंज		

पुल के शुरुआत में एक बगीचा जिसके बीच एक फुहारा था। वर्तमान में इस बगीचे को जिसे अंग्रेजों ने हरे फेफड़े की संबा दे रखी थी, भूतपूर्व मा0 मुख्यमंत्री उ0 प्र0 स्व0 श्री चन्द्रभानु गुप्त जी ने बनारस वाले अग्रवाल जी (सेठ जी) क्लार्क्स ग्रुप आफ होटल्स के मालिक को होटल कर्क्स अवध बनाने के लिए दे दिया था।

सन 1906 में गोमती किनारे टीले पर बनें मच्छीभवन जो 1857 आन्दोलन का शिकार हो चुका था की जगह किंग जार्ज पॉचवे के भावी आगमन के सम्मान में (के. जी. एम. सी.) मेडिकल कालेज एवं चिकित्सालय की नींव रखी गई थी। सर जौन हैविट नें 1912 में इस नव निर्मित भवन का उद्घाटन किया। सन 1921 से लखनऊ विश्वविद्यालय से संबद्ध यह मेडिकल कालेज एवं चिकित्सालय प्रगति पथ पर अग्रसारित हुआ। वर्तमान में इसका नाम परिवर्तित कर इसे छत्रपति साहू जी महाराज मेडिकल विश्वविद्यालय एवं गॉधी संबंधित चिकित्सालय, चौक, लखनऊ कर दिया गया है।

जुबाने शीरी–लखनऊ

'जिस पर दुनिया को नाज है असलम'
वह जबान–ए–खास लखनऊ की है।'
फूल गुलाबों में पहचान लिए जाते है।
लखनऊ वाले अलग ही जान लिये जाते हैं।।
हुसैन आजमी ने फरमाया,
'वो किशवर–ए–सुखन जिसे कहते हैं लखनऊ
शौहरत है उसकी शीरी जुबानी की चार सू।'

इक्का, ताँगे लखनऊ की शान थे। नवाब साहब ने सफर तय कर जेब से चवन्नी की जगह दुव्वनी निकाली और

बेतकल्लुफी से बोले अम्माँ यार, हाथ बढ़ाइये तो इक्के वाले ने तपाक से कहा हजूर, मुठठी बन्द कर दुव्वनी दीजियेगा, अगर नाजुक जान (घोड़ी) की निगाह पड़ गई, तो भड़क जायेगी।

कटी पतँग गुल्लू नाई की टूटी–फूटी झोपड़ी पर क्या गिरी कि उसकी आँखों से आँसू टपक पड़ें, पिछले दिन से उसकी बीबी और बच्चा भूखे सो रहे थे, घर में फूटी कौड़ी नहीं थी, खाने को अनाज कहाँ से लाते। पतँग पर लिखा था, इस पतँग में दो रूपये का नोट बन्धा है तस्लीम फरमायें। ऐसी कई कटी पतँगें मोहब्बत का पैगाम बाँटतीं थी ताकि कोई गरीब भूखों पेट ना सोये।

'पहले आप', की पौसाक तहजीबे लखनऊ को परवान चढ़ाने की निगाह से पेश की गयी थी। यह तहजीब हुस्ने मजाक से होती हुई तर्जे गुफ्तगु, शायरी, दाँस्ता गोई, मौसिकी, कथक और गजलों का सफर तय कर एक मुकाम तक पहुँचीं थी। बाबा हजारा, ठाकुरगंज, छोटे–बड़े आगा की हवेली, काजमैन बवख्त गुजरा जमाना शीशमहल, लखनऊ में मुर्गेबाजी, तीतर बटेरों की लड़ाई के अखाड़े मैंने देखे थे। चावल वाली गली के एक मकान से आहोबअ की आवाज आ रही थी। नवाब हैदर के बटेर को छज्जू की बिल्ली हजम कर गई थी। यहाँ बटेर की मौत का शोक मनाया जा रहा था,

"हाय–हाय नवाला कर लिया बिल्ली ने शेर को।

पाऊँ कहाँ से ऐसे दिलावर बटेर को।।"

हाय तौबा, कैसा दिलावर बटेर था, किसकी नजर खा गयी मेरे बहादुर बटेर को। कोई निशानी तक नही छोड़ी, नक्श तक खा गई कम्बख्त बिल्ली।

नवाब की बेगमें निहायत ही नाजुक बदन थी, पड़ोस में छौंका क्या लगा कि बेहोश हो गई थी। कासिद ने आकर शतरंज पर बैठे नवाब वाजिद अली शाह के कान में कहा हुजूर फिरंगी आ रहे हैं। जवाब मिला, आने दो, खादिम ने फिर कहा, हजूर दुश्मन महल में दाखिल हो चुका है, नवाब ने कहा, वह इतने बेआदब नहीं होंगे कि बगैर पर्दा पुकारे अन्दर तशरीफ ले आयेगें।

नजाकत और नफासत में भी तैश मात खा जाता था। 'आदाब' की जगह जनाब से हाथ क्या मिला लिया, हजूर की तबियत ही नसाज हो गई, कलाई में बल पड़ गया, मुलजिम ने शाम को गुलाब की पंखुड़ियों से कलााई को सहलाते हुए पूछा कि हजूर की कलाई में बल कैसे पड़ गया, किस कम्बख्त की नजर लग गई। कराहते हुए फरमाया कि, 'था एक शोहदा, बदतमीज को आदाब करने की भी तमीज नहीं थी'। तहजीब पसन्द लखनऊ के वाशिन्दे ने 10–12 जोड़ी जूते देख डाले पर पसन्द कोई भी नहीं आया, झल्लाकर दुकानदार से बोले, अमॉ मियॉ, तुम्हारी दुकान में कोई जूता काम का नहीं है।

दुकानदारी की हाजिर जवाबी भी बेमिसाल थी बोला, हजूर इतने जूते पड़े पर पसन्द एक भी नहीं आया। ग्राहक ने कहा, बुजर्गवार खता माफ फरमायें, पहले तो आप चवन्नी अठन्नी रुपया जूता खाते थे अब दो तीन रुपये खाने लगे, बतायें जूता पसन्द कैसे आयेगा। यह जूता कसी चल रही थी कि किसी ने शेर पेश किया,

एक दो क्या, सौ जूतों से कम इज्जत आफजाई नहीं होती।

इज्जत वह खजाना है, कभी खाली नहीं होता।।

मुस्कुराईये कि आप लखनऊ में हैं

लखनऊ को अगर तहजीब का भरकज कहा जाये तो गलत नहीं होगा। उमराव जान अदा की गजलें और बेगम अख्तर की

अदायगी इसी लखनऊ में हर आने वाले का तहे दिल से इस्तगबाल करती हैं। इसीलिये कहा गया है कि, मुस्कुराइये कि आप लखनऊ में हैं।

लखनऊ शहर इतिहासी वर्क में लिपटा हुआ एक खूबसूरत पन्ना है, तहजीब का पड़ाव है। जंगे तो वैसे यहाँ कई हुयीं पर जंगी दुश्मन को भी 'तू' कहकर नहीं बुलाया गया। तर्जेगुफ्तगू का एक नमूना गौर फरमायें;

"जनाब के गुलगुले रुकसार पर एक तमॉचा जड़ दूँ

तो जनाब के दुश्मनों की तबियत नासाज हो जायेगी।"

बेगम की रेशमी सलवार सूखने डाली थी, कोई शोहदा उठा ले गया, आज मियाँ इतवार है, नख्खास जा रहा हूँ शायद बजार में पुराने, चोरी का माल जिस नुक्कड़ पर चिड़िया बजार है बिकता है, शायद सलवार दिख जाये।

पान पेशगी तहजीब पेश करने का बेहतरीन नमूना था। छोटे चाँदी की तश्तरी मे पान की गिलौरियाँ पेश करते थे तो, जियो, खुश रहिये, जैसी दुवाओं से नवाजे जाते थे। अपनों से बड़ों से पान हासिल करने पर आदाब करना और झुकना तहजीब का नमूना था। तस्लीम, बन्दगी शीरी जुबान के अलफाज हैं।

कबाड़ी की पुरानी किताबों की दुकान पर जर्द पन्नों वाली, नक्श सुलेमानी, तिलिस्म होशरूबा, आलिफ–लैला, किस्सा चार दरवेश, अलीबाबा चालिस चोर, कलामें रंगीन, ख्वाजा सरा की शादी, बड़े शौक से देखी जा रही हैं।

सैलानी सियोते ने ठीक ही फरमाया है,

"खुश निगारों का शहर है लखनऊ।।

हर नजर में मोहब्बत का पैयाम,

गम गुसारों का शहर है लखनऊ।।

इल्मों फन के फूल खिलते हैं यहाँ

यह शहरों का शहर है लखनऊ।।

अहदे माजी के सुनहरे ख्वाब की।

यादगारों का शहर है लखनऊ।।"

अहसान अल्वी काकोरवी ने फरमाया,

'क्या कहिये अहले दिल के लिए, क्या है लखनऊ

हर शहर, हर दयार से, अच्छा है लखनऊ।'

इक्का तांगों के साथ–2 पालकी की सवारी रईस जादियों की हैसियत बयान करती थी।

परदानशीं का आलम तो यह था कि लकड़ी के दो पहिये वाले ठेले जिसमें अन्दर लकड़ी की बैंचे बनी होती थी और कन्धों की ऊँचाई पर लकड़ी के झरोखे से अन्दर हवा–रोशनी आती थी । ठेले के आगें लकड़ी के दो हत्थे लगे होते थे इसे पकड़ कर ठेले वाला इसे पैदल खीचता चलता था और पीछे ढकेलने के लिए एक या दो आदमी इसे ढकेलते चलते थे। औरतें, लड़कियॉ पीछे बने दरवाजे से जब इसमें दाखिल हो बैंचों पर बैठ जाती थी तो ठेले को चारों तरफ से पर्दे से ढक दिया जाता था।

बड़ा इमामबाड़ा

पुरानी हवेलियों में आयताकार कमरे बने होते थे जिनके सामने बरामदे और मकान के अन्दर आंगन जरुर होता था। मकन की छतों पर से पतंग बाजी, कबूतर बाजी के अलावा इश्कबाजी भी फरमाई जाती थी।

नवाबों की महफिलों में तवाइफों को इज्जत बख्शी जाती थी, यह गुफ्तगू में काबिल और इकलाक की मेहजबीन हुआ करती थी। नाचना गाना इनका शौक था। इनसे जुदा एक तबका रंडियों

का था जो देह की तिजारत करती थी। रंडियों के कोठों पर और तवायफों की महफिलों में जुदा 2 किस्म के लोग जाते थे। शरीफ जादे तवायफों के यहाँ और शोहदे रंडियों के कोठों पर जाते थे।

तवायफों का समाज में सम्मान था। अंग्रेजों के वक्त में तवाइफों ने सियासी रुतबा भी हासिल किया था। इनकी तर्जे–गुफ्तगू की नफासत के कायल थे आम लोग।

शहर लखनऊ नादान महल रोड पर हकीम शमशुद्दीन जाने माने हकीम थे। लोगों ने उन्हें सियासी नुमाइन्दगी के लिए पेश किया, लखनऊ की मशहूर तवायफ शमा जान ने भी अपना हक पेश कर दिया। मुश्किल को दूर करने के इरादे से अवामी राय जानी गई अवाम ने हफीक साहेब के हक में फैसला दिया और हकीम शमशुद्दीन सियासी रहनुमा बन गये।

कुछ दिनों बाद हकीम साहेब के मतब पर एक पालकी आकर रुकी और खादिम नें हकीम साहेब को बताया कि शमा जान तशरीफ लाई हैं और जनाब से मिलने की ख्वाहिश मंद हैं। गद्दी से उठ हकीम साहेब बाहर दयोढ़ी में इस्तगबाल करने आ गए।

सलाम दुआ हुआ दोनों बैठे तो शमाजान ने हकीम साहेब की कामयाबी पर उन्हें मुबारकबाद अता फरमाई। हकीम साहेब ने भी शुक्रिया अदा किया। शमा जाने चलने को खड़ी हुयी तो बोलीं, हकीम साहेब, इजाजत हो तो कुछ कहूँ, हकीम साहेब बोले, फरमाईये।

शमाजान ने कहा, हकीम साहेब इस सियासी रहनुमाई से तो साफगोई हो गयी है कि शहर लखनऊ में मरीजों और मर्दो के दो तबके जुदा 2 नजर अन्दाज रखते हैं। मरीजों का तबका आपके साथ है, जिसने आप को जिताया है। मर्द मेरे साथ हैं इसी वजह से मैं हार गयी।

वक्त की करवट के साथ धीरे 2 तबदीलियाँ आती गईं, लकड़ी के बक्शों और झोलों और पोटलीयों की जगह कपड़ों में बिस्तर बन्धने लगे जिनकी जगह बाद में टीन के बक्शों और बिस्तर बन्दों ने ले ली थी। आसफी इमामबाडा की जुम्मा मस्जिद की ऊँची सीढ़ियाँ और उसके बाहर चौक बजार सैलानियों को बरबस अपनी तरफ खींच लेता था।

इन सीढ़ियों पर किस्सागोह बैठा करते थे, सैलानी इनसे किस्से सुनने के लिए इन्हें पैसे देते और किस्से सुनते थे। यह वह वक्त था जब ना तो ग्रेमोफोन ना सनीमा शुरु हुआ था। रामलीला, नौटंकी का चलन हो चुका था।

घर से बाहर सफर पर निकलते वक्त शैंत निकाली जाती थी, इस्तगास देखा जाता था, देखा जाता था कि नाक की सांस चल रही है। सफर से पहले हिन्दू वाचते थे,

सोम–शनीचर पूर्व ना चाला।
मंगल बुद्ध उत्तर दिश काला।।
बीफेय दक्षिण कीन प्याना।

ताको नहिं समझो कल्याणा।।

रबी–शुक्र जो पच्छिम जाये।

ताको ना समझो की बोहरी आया।।

लखनऊ एक शहर नही अहसास है, जिसे महसूस किया जा सकता है। सन् 1947 से पहले हुसैनगंज और लाटुश रोड को जो सड़क मिलाती थी उसका नाम हैविट रोड (शिवाजी मार्ग) था। कुछ बड़ी–बड़ी कोठियाँ यहाँ मौजूद थीं, जैसे राजा शिवगढ़, यूसुफ मंजिल, डा0 के0 आर0 दिलकश और बंगाली राय परिवार, गुलाबबाड़ी, डा0 परमानिक, शशीभूषण स्कूल, पं0 श्रीधर मिश्रा, चित्रकार श्री सिन्हा, डा0 कक्कड़, नाक, कान व गले के डाक्टर। यूसुफ मंजिल के ठीक सामने तीन मंजिली लाल रंग की पठानों की कोठी को भुतहा मकान कहा जाता था। इसी के पास मलका गेती का फाटक और विशाल हाता था। ईद और बकरीद के मौके पर दोपहर में ढोल नगाड़ों के साथ नाचते गाते पठानों का जूलूस हीवेट रोड़, लाटुश रोड होते हुये झन्डेवाले पार्क में खत्म होता था। यह सारे पठान अफगानिस्तान से शाल, ऊन, मेवा, रूपयों का लेन–देन धन्धा करने लखनऊ आते थे। लोग ज्यादातर पैदल या साईकिल से चला करते थे। मलका गेती फाटक जो हिवेट रोड पर खुलता था उसमें एक हिन्दु पोस्टमैन परिवार रहता था और कुछ समय बाद पहली मंजिल पर जनाब मुन्ना खाँ तबला वादक रहने आ गये थे। दूसरी तरफ बंगाली मोहल्ला सुन्दरबाग, रिसालदार पार्क थे, हिवेट रोड से लगा हुआ एक मोहल्ला माड़ल हाउस वा नई बस्ती भी थी। गंगा–यमुना–सरस्वती तहजीब से लबरेज लखनऊ एक छोटा पर खुबसूरत शहर था।

एक प्रख्यात बॉसुरी वादक भी सुन्दरबाग में ही रहते थे। प्रख्यात बाडी बिल्डर 6 बार मि0 यू. पी. और दो बार 'भारत श्री' रहे डाबुल गरगरी सुन्दरबाग के निवासी थे, प्रख्यात चन्डी जिम

सन् 50 के शतक में माडल हाउस में स्थापित हुआ था। 'भारतश्री' श्री सुन्दरलाल पान्डे, डाबुल ग्रगरी, अखन पहलवान, काका मोहनदास, दादा घोष, काका सेठ, गार्गी पहलवान, तथा अन्य बहुत से लोग इसी जिम की देन थे।

अखाड़ों का भी काफी प्रचलन था। हिन्दू अखाड़े गणेशगंज, फतेहगंज, गूंगे नवाब का पार्क, सदर बाजार, छितवापुर में थे। मुस्लिम मूल के अखाड़े कसाई बाड़ा, पीर जलील, नख्खास, चौक, शहादतगंज, पीर बुखारी में थे। कसाई बाड़ा अखाड़े का नाम शफी पहलवान ने ऊँचा किया था। छितवापुर में हिन्दू कमला पहलवान, लोको रनिंग शेड के कर्मचारी थे।

रॅगबाजी

यह दौर रंगबाजों का भी था। रंगबाज वह लोग थे जो अपने बाहुबल का रुतबा दिखाकर सामान्य लोगों पर रौब गालिब करते थे। कुछ पैसों की वसूली करते थे। कुछ दूसरों के लफड़े सुलझाते थे। डूबी रकम, मकान पर कब्जा, जुँआ खिलवाना रॅगबाजों का काम था। चौक, चावल वाली गली, नादान महल रोड, नख्खास, पाटानाला क्षेत्रों में तवायफें भी रहा करती थी। इन तवायफों को गुन्डे बदमाश किस्म के लोगों से सुरक्षित रखना इन रॅगबाजों का काम था। चौक, नख्खास, पाटानाला और नादान महल रोड का इलाका प्यारे जानी और नवाब जानी का इलाका था। जब कभी इन दोनों में कोई पुलिस द्वारा गिरफ्तार कर लिया जाता था तो उसकी जमानत के लिये, इक्कों पर सवार हो पचासों तवायफें कचहरी पहुँच जाती थी।

अमीनाबाद से नाका, रकाबगंज, गणेश गंज आदि क्षेत्र पं0 लक्ष्मी नारायण महाराज फतेहगंज का था। इस क्षेत्र में ठेह बजारी उनके गुर्गों द्वारा वसूली जाती थी। पं0 जी के 4 लड़के भी हृष्ट

पुष्ट हुऐ, रमाशंकर, कृपाशंकर और घनश्याम के बड़े भाई किसी सड़क हादसे में मारे गये थे। बाकी तीनों रॅगबाजों ने इलाका फतेहगंज में दहशती माहौल बना रखा था।

सावन के महीनें में तीज का त्यौहार पड़ता है इसमें कपड़े की गुड़िया बनाकर पीटी जाती है। अखाड़ों में कुश्तियों का आयोजन होता है। फतेहगंज अखाड़े में कुश्तियॉ चल रही थी, रमाशंकर और कृपाशंकर दोनों विवाहित थे, इस आयोजन में शिरकत कर रहे थे। मोहल्ले के एक अन्य परिवार खुटिया वालों से चलते रंजिश के इन पर बल्लम, तलवार से हमला हुआ, रमाशंकर तो वहीं ढेर हो गये पर कृपाशंकर घर की ओर भागे, पीछे से बल्लम का वार गले के आर पार चला गया और पं0 जी की गद्दी पर दो नौजवान भाईयों की लाशें लाई गईं।

छोटा भाई भाग के घर पहुॅच चुका था सो बच गया। पं0 जी की चार औलादों में 3 खत्म हो चुकी थी। पं0 जी ने और सबसे छोटे पुत्र घनश्याम नें रंगबाजी नहीं छोड़ी। कुछ समय बाद अमीनाबाद–फतेहगंज के बीच सड़क पर दिन दहाड़े घनश्याम भी गोली से उड़ा दिये गये। 75 वर्षीय पं0 जी अकेले ही आढ़त की गद्दी पर बैठा क़रते थे।

डालीगंज, चाँदगंज, बाबूगंज इलाका पं0 बच्चू महाराज का इलाका था। छोटे–मोटे रंगबाज यादव, बसंतलाल, मानसिंह, अजाद डालीगंज में और भी थे पर रूतबा पं0जी का ही बोलता था। चलती दुश्मनी के पं0 जी किसी पेशी पर कमलापुर गये और जब कचेहरी से बाहर निकले तो एक बालक जिसके पिता के कत्ल में मुकद्दमे में पं0 जी कचेहरी आये थे, ने पं0 जी को गोली मार दी और पं0 जी ढेर हो गये थे।

लखनऊ शहर रंगबाजी के इलाकों में बँटा हुआ था। कैसरबाग मंडी इलाके में बेचू खटिक दहशत का दूसरा नाम था। छितवापुर

में प्युल गुरू, चारबाग में लालू शर्मा, हुसैनगंज में रामचन्द्र और सदर पुराने किले में काका जौकी, रंगबाजों की चाल–ढाल, चेहरे के तेवर, बदन की हरकतें, मूँह में पान की जगह मैनपुरी तम्बाकू इन्हे दूसरों से जुदा पेश करता था। कट्टा, पिस्तौल की जगह हाकी, चेन, नकल डस्टर और ज्यादा से ज्यादा चाकू रंगबाजों के हथियार थे। बोल–चाल में, अम्मा, गुरू, नक्शा, जियो, झाड़े रहो, भोले के भाई बम्म, हरामीपना, अबे सालो को .... शब्दों का इस्तेमाल आम था।

पहलवान सादिक और छोटे आगा

सन् 30 के दशक में चौक के विख्यात पहलवान सादक हुए थे। उत्तरी भारत में उनकी जोड़ का कोई भी पहलवान उस वक्त नहीं था। उसी वक्त में काजमैन के सामने छोटे–बड़े आगा की डयोढ़ी थी और दोनों भाई जिन्दा थे। आगा परिवार शिया परिवार था और ईरान के रहने वाले थे। छोटे आगा को कुदरती सेहत मोहइया थी। औसतन 55" की छाती सफेद लाल सुर्ख गालें, नीली ऑखें और दोनों तरफ मूँछें होठों के किनारों से नीचे आकर थौड़ी से मिल गईं थी। भुजाओं में गजब की ताकत थी। हवेली में पीछे कच्चा दलान है उसमें पूर्व की ओर इमली का पेड़ अब भी लगा हुआ है। इस पेड़ के नीचे की जमीन फड्डुवे से खोदकर रियाजी अखाड़े के लिए बनाई गयी थी। छोटे आगां यहीं खाट डालकर बैठा करते थे।

सादिक पहलवान नें छोटे आगा का बहुत नाम सुन रखा था। एक दिन मिलने आ गये, नवाब साहब को सलाम किया और बैठने को एक चारपाई और डलवा दी गई। बातों बातों में पहलवान ने कहा कि सुना है कि जनाब नवाब साहब बेशुमार ताकत रखते हैं क्यों ना हजूर इस गरीब के पुट्टे पर भी एक थपकी दे दें

तो खादिम की किस्मत गुलजार हो जायेगी। नवाब साहेब नें मुस्कुराते हुए कहा, अमॉ मियॉ ऊॅट को क्यों पहाड़ के नीचे बुलवा रहे हो? माशा अल्लाह आप एक नामी ग्रामी सेहतमन्द पहलवान हैं, हम किस काबिल कि आपके पुट्ठों को थपकी दें। पहलवान नें फिर भी गुजारिश की तो नवाब साहेब ने घर की बनी बनियान उतारी, पैजामा घुटनों के ऊपर कर कमर में खोंस लिया और इमली के पेड़ के नीचे अखाड़े में उतर पड़े। हवेली के सभी बाशिन्दे वहॉ इकट्ठे हो चुके थे, भीड़ में एक सहमी सी खामोशी शायद कह रही थी, हे, अल्ला, नवाब साहब की खैर रखना।

दोनों ने हाथ मिलाया, कि ऑख झपटते कब नवाब साहब नें सादक पहेलवान को अपने आगोश में जकड़ लिया था। लोगों की समझ में तो तब आया जब सादक की छाती पर जकड़ी नवाब की दोनों बाहों ने फन्दा कसते हुए एक झटका दिया और सादक अपनें को छुड़ा अखाड़े से बाहर आ गये, उन्हें सॉस लेने में बहुत दर्द हो रहा था, मालूम हुआ कि आगोसी झटके से सादक की साइड की 3 पसलियॉ टूट गई थी।

छोटे आगा की मशहूरी शहर लखनऊ में तब और फैल गई जब उन्होंने अपनी महफिलें खास में पीतल की एक थाली दो टुकड़ों में चाक कर दी थी।

सन् 50 का एक किस्सा हमें भी याद है। नवाब के छोटे लड़के पुत्तन हमारे अजीज दोस्त थे। उन्होंने कहा कि वह एक मुफलिस से इन्सान को लाये हैं जिसके बायें कन्धे पर पीठ की तरफ गोश्त छिल गया है, डा0 परमानिक (हिवेट रोड) के कम्पाउन्डर से उसकी पठ्टी करवा दूँ। कम्पाउन्डर साहब ग्रीन रैले साइकिल पर आते थे और बगल में हमारे घर पर हिफाजतन चमचमाती साइकिल खड़ी करते थे।

हमने गुजारिश की तो उसकी पट्टी टिनचर लाल से मुफ्त हो गई और वह गरीब 7 दिन पट्टी करवाने आता रहा। पुत्तन ने बताया कि 8 दिन पहले जून का महीना था पेड़ं से हटकर एक किनारे नवाब साहब की पुरानी पीली (हल्की) पैकार्ड कार जो इस्तेमाल में नही आ रही थी को ईटों पर खड़ा कर दिया गया था। उसी से सटकर रात में एक दिन नवाब साहब ने खटिया बिछवाई और सो गये। एक कम्बख्त गरीब मुफ्लिस इन्सान रात में 2 या 2:30 बजे अन्दर आ गया और पाना लगा धीरे से पैकार्ड गाड़ी का पहिया खोलने लगा। आहट से नवाब साहब की नींद खुल गई तो वह पड़े–पड़े माजरा देखते रहे। पहिया तो खुल गया पर नीचे मिट्टी जम जाने से खींचने पर बाहर नही आ रहा था और मुफ्लिस चोर परेशान था। नवाब साहब ने उसके पसीने से तर–बतर कन्धे पर थपकी क्या मारी कि उत्ना गीला गोश्त सूखी हथेली में चिपक कर उतर गया था और कन्धे पर जख्म हो गया था उसी की महरम पट्टी हो रही थी और उसकी बीवी और एक बच्चे के परवरिश नवाब साहब की हवेली में की जा रही थी।

'मुखडों से पटी राज दुलारी गलियाँ
चौथी की दुल्हन की तरह प्यारी गलियाँ
दिल की नगरी से आह भरती गुजरीं
कल रात वो लखनऊ की सारी गलियाँ।।

जोश मलिहाबादी

शियाओं के अल्लेहीस–सलाम इमामो के रौजा

ऊपर काजमैन का जिक्र किया गया था। बिना काजमैन, फातमैन, शाहनजफ आदि 2 के बारे में जाने लखनऊ के बारे मे पूरी जानकारी नही मिल सकती है।

तो, जनाब शियाओं के 12 इमाम हुये थे। इन इमामों से ताल्लुक रखती यादगारें रौजा लखनऊ कि खासयिते बयान करती हैं। रौजा से तारूफ है इमामबाड़ों का, वह पाक जहाँ जन्नैती रूहें दफन हैं, और जहाँ इबादत की जाती है।

नजफ

इमामबाड़े/रौज़ा इस शहर को बर्कत बख्शते हैं। शियाओं के 12 अल्लेहीस–स्लाम इमाम हुए हैं। पहले इमाम (अ0) नजफ, दरगाह हजरत अब्बास, रुस्तमनगर, चौपटियों के पास है। नजफ को विराट विस्तृत रुप में पेश करते हुवे इमामबाड़ा शहनजफ बनाया गया है।

फातमैन

अल्लेहीस–स्लाम पहले इमाम की पत्नी, दूसरे और तीसरे इमाम की मॉ थी। रुस्तम नगर, चौपटियों में नजफ के पास ही रौजा फातमैन मौजूद है।

अल्लेहीस–स्लाम तृतीय इमाम और उनके छोटे भाई का रौजाः

पुल ऐशबाग के नीचे बायें हाथ पर कर्बला मल्लिका जहॉ साहिबा का है। यहीं पर तीसरे अ0 इमाम जनाब इमाम हसन और उनके छोटे भाई जनबा अब्बास साहेब का रौज़ा है। तालकटोरा कर्बला तीसरे इमाम अ0 इमाम हसन साहेब का है।

काजमैन

काजिम से मतलब एक से है, काजमैन पुरलिंग है, यानी एक से ज्यादा दादा–पोते, सातवें और नवें इमाम की मजारें मौजूद हैं। यहॉ से 100 गज आगे कटरा नूर बाड़ी है, यहॉ पर दूसरे

इमाम अल्लेहीस स्लाम जनाब हसने और उनकी माँ का रौजा मौजूद है। रौजा को भव्य स्वरुप प्रदान करते हुए दरिया वाली मस्जिद गोमती किनारे बनायी गई थी। इसी प्रकार राजाजीपुरम ई ब्लाक चौराहे पर अब्बास का रोजा भव्य रुप से बनाया गया था।

18वें अ0 इमास का रौजा कर्बला ताल कटोरा के बायें खजूर के पेड़ के पास बड़ी सी बिल्थ्डिंग में है।

सीतापुर रोड लखनऊ में शिया कालेज बना हुआ है। इसके सामने एक पानी की टंकी के ठछीक पीछे अ0 इमाम 12वें का रौजा बना हैं।

जामुनिया और इम्लिया सड़कें

लखनऊ सीतापुर और लखनऊ – फैजाबाद रोड खास सड़के थीं। रेजीडैन्सी –शहीद स्मारक के सामने वाली सड़क का वर्तमान नाम महात्मा गाँधी मार्ग है। हजरतगंज मकबरे के सामने से पक्के पुल तक इस सड़क पर जामुन के पेड़ लगाये गये थे और सड़क को जमुनिया रोड कहा जाता था। डालीगंज और पक्के पुल से दो खास सड़कें सीतापुर और फैजाबाद को जाती है, इन सड़कों पर इमली के पेड़ लगाये गये थे और इन्हें इमलिया सड़क का नाम दिया गया था। पुराना हनुमान मन्दिर अलीगंज जिसका निर्माण एक मुस्लमान ने करवाया था के आगे की सड़क कुर्सी रोड़ कहलाती है जो महमूदाबाद को जाती है, इस सड़क के दोनों ओर बरगद के पेड़ लगाये गये थे। राहगीर और मुसाफिरों को इन पेड़ों से छाँव मिलती थी, सफर की थकावट कम हो जाती थी।

वर्तमान में जामुन, इमली, बरगद के सभी पेड़ सड़क चौड़ा करने के अभियान में काट दिये गये हैं।

जुबाने शीरी का तुलू जब हुवा तो उसकी पहली किस्त का सर्फ लखनऊ को हासिल है। यहाँ की तहजीब और शीरी कलामी एक जमाने में चलने वाले इक्का–ताँगें वालों में कूट–कूट कर भरी थी। आप सड़क पर पैदल रवानगी करें तो उन्हें कहां गवारा था। फौरन आपका इस्तकबाल करते हुये हजूर की खिदमत में सलाम पेशकर सवारी पेशकर देंगे। चौक, इमामबाड़ों, अमीनाबाद की सैर पर अगर नही जाना है तो हजूर को मुर्दा अजायबघर ले चलूँ। सियासी–मेहमानखाना दारूलशफा या जिस्मानी अस्पताल मेडिकल कालेज चलना हो तो तशरीफ रखिये। कानों में ठेले वाले की आवाज पड़ती है,

क्या खूब ककडियाँ हैं, दिल की तसलिल्ययाँ हैं।

लैला की उँगलियां है मजनू की पसलियां हैं।।

फर्शी पैजामे वक्त के साथ खत्म हो गये वरना क्या वक्त था नवाब पुत्तन मियाँ की ढ़यूढ़ी में आठ–नौ गज घेरे के गरारे पहने बेगमात् मामाएँ महफिल में पहुँचे उठायें दिख जाती थीं। कपड़ों के भी अजीबो–गरीब नाम थे जैसे, लैला जबीं, शीरी बहन, शादी की शेरवानी तो सिल ना पाई पर सलामत रहें अजीज धोबी, जुम्मन नवाब बेहतरीन कलफ लगे लकालक सफेद कुर्ते–पैजामे, टोपी और काली शेरवानी में जलवा अफरोज हुये। पेर में पहने पड़ोसी का नागरा कुछ छोटा पड़ गया वरना चाल में फर्क ना पड़ता।

शाम को टहलते हुये अकबरी गेट टुन्डे कबाब की दुकान क्या पहुँचे कि कबाब की महक ने अपने आगोश में ले लिया।

लखनऊ की सरजमीं का जिक्र बिनमाने होगा अगर आपने चौक, नख्खास, अकबरी गेट, नादान महल रोड़, सहादतगंज, काजमैन इलाकों का सफर तै ना किया हो।

कैसरबाग एक सियासी हकीकत

कैसरबाग में कई राजे–रजवाड़ों के मकान मौजूद हैं, जैसे तिलोई, महमूदाबाद, कपूरथला, जहाँगीराबाद, बलराम, आदि–2। आजादी से 15.20 साल पहले मुस्लिम लीग की एक मीटिंग राजा महमूदाबाद के पैलेस में आयोजित की गई थी जिसमें सदारत के लिए श्री जिन्ना को आमन्त्रित किया गया था।

जिन्ना को बम्बई से दिल्ली होते हुये लखनऊ आना था पर उन्हें बुखार था पर फिर भी बहुत जोर देने पर वह लखनऊ केसरबाग आये।

मुस्लिम लीग ने सर्व–प्रथम *'टू–नेशन–थ्योरी*, को स्वीकारते हुये भारत से अलग पाकिस्तान बनाया जाना प्रस्ताव पारित किया था।

जून 1947 को साफ हो चुका था कि पंजाब और बंगाल को विभाजन धर्म आधारित जनसंख्या के आधार पर अंग्रेजों ने तै कर दिया है। हिन्दुस्तान की 500 से ज्यादा रियासतों को कह दिया

गया था कि अपनी इच्छानुसार चुनें कि उन्हें किस के साथ जाना है अथवा स्वतंत्र रहना है। त्रावणकोण–कोचिन ने पहले ही ऐलान कर दिया कि वह स्वतंत्र रहना चाहेंगें। बीकानेर–जयपुर भी इसी दौड़ में शमिल हो गये। जूनागढ़, हैदराबाद ने पाकिस्तान एवं स्वतंत्र रहना ऐलान किया। जूनागढ़ से करांची पोर्ट की दूरी 325 नॉटिकल मील है, पाकिस्तान ने इस दूरी पर भी स्वतंत्र जुनागढ़ फैसले की हिमायत कर दी।

इन हालात में सरदार पटेल के पास सख्ती बरतने के अलावा और कोई चारा नही बचा था, चुनाँचे एक रात समुद्री रास्ते से नवाब पाकिस्तान कूच कर गये।

राष्ट्र–नेता – महात्मा गाँधी

अभी कुछ दिन पहले आर0टी0आई0 के माध्यम से किसी ने भारत सरकार से जानकारी चाही थी कि महात्मा गाँधी को राष्ट्र नेता/पिता, की उपाधि से कब और किसने नवाजा था तो उत्तर प्राप्त हुआ था कि भारतीय अभिलेखों में इसका जिक्र कहीं भी नही है कि गाँधीं जी को किसी गजट नोटिफिकेशन अथवा अन्य औपचारिकता के अन्तर्गत राष्ट्र नेता/पिता, सम्बोधन से मण्डित किया गया था।

15 अगस्त 2012 टाइम्स ऑफ इण्डिया लखनऊ में श्री अरूनव सिन्हा की रिपोर्ट छपी जिसमे उन्होंने फिरंगी महल के निर्देशक खालिद रशीद का जिक्र किया है और लिखा कि किस तरह अरब मुल्को में चल रहें आन्दोलन ने दुनिया के सभी मुस्लमानों को अंग्रेजों के खिलाफ एकजुट कर दिया था और हिन्दूस्तान में इस आंदोलन को अंग्रेजों के विरूद्ध *"खिलाफत आन्दोलन"*, का नाम दिया गया था।

सन् 1920 में अंग्रेज हुकुमत ने मुस्लमानों के खिलाफ नफरत उगलना शुरू कर दिया था चुनाँचें उलेमाओं को अंग्रेजों के खिलाफ जिहाद का फतवा जारी करना पड़ा था। इसके एवज में कई उलेमाओं को घोर कष्ट सहने पड़े थे।

सन् 1920 में जनबा अब्दुल बारी उलेमा फिरंगी महल ने अपील जारी की थी कि अंग्रेजों के जुल्म और सितम के खिलाफ ना केवल मुस्लमानों को एक होना लाजिम है बल्कि वक्त की नजाकत है और मांग है कि इस मौके पर हिन्दू और मुस्लमान सभी कौमी एकता को कबूल करे और अंग्रेजों के खिलाफ जंग जारी रखे।

सन् 1920 में जनाब उलेमा अब्दुल बारी साहब ने प्रस्तावित किया था कि हिन्दू और मुस्लमानों को अगर एक मंच पर लाना है तो यह जरूरी है कि महात्मा गाँधी को राष्ट्रीय नेता घोषित किया जाये जिससे गाँधी जी का स्वराज्य और मुस्लमानों का खिलाफत आन्दोलन एक साथ चलकर आजादी के मकसद को हासिल कर सके।

सन् 1920 में जब गाँधी जी लखनऊ तशरीफ लाये तो मुस्लमानों ने गाँधी जी के स्वराज्य आन्दोलन के लिये न केवल चंदा इक्ट्ठा किया बल्कि नख्खास, चौक, चावल वाली गली, चौपटिया, सहादतगंज, काजमैन, मुस्लिम बहुल्य क्षेत्रों में गाँधी जी की यात्रा का भी आयेजन किया।

यह अत्यन्त ही मार्मिक और दिल को छू लेना वाला जिक्र है कि गाँधी जी इस दौरान फिरंगी महल में रूके थे, साथ में वह अपनी बकरी भी लाये ये। गाँधी जी जितने दिन फिरंगी महल में रूके उतने दिन क्षेत्र के मुस्लिम भाइयों के यहां बकरे नही काटे गये और न ही गोश्त पका। गाँधी जी से मिलने के लिये

फिरंगी महल पण्डित जवाहर लाल नेहरू, बब्दुल कलाम आजाद और सरोजनी नायडू पहुँची थीं। अंग्रेजों को इस बात का यकीनन सदमा लगा था कि हिन्दू और मुस्लमानों ने मिल कर एक कौमी एकता खड़ी कर ली थी और गाँधी को दोनो कौमो ने राष्ट्रीय नेता अथवा राष्ट्रपिता मानना स्वीकार कर लिया था।

शहर लखनऊ के बारे में किसी शायर ने ठीक ही कहा है,

लखनऊ है तो महज गुम्बदों मीनार नही,
यह एक शहर नही कूचये बाजार नही,
इसके दामन में मोहब्बत के फूल खिलते हैं,
इसकी गलियों में फरिश्तों के पते मिलते हैं।।

आदाब।

यह लखनऊ की सरज़मीं......।

मुगल बादशाह अकबर ने भारत को 12 प्रान्तों में विभाजित कर दिया था। सूबये अवध के सूबेदार को लखनऊ में तैनात किया गया था। अवध की जागीर बिजनौर के रहने वाले एक भद्र पुरूष शेख अब्दुलरहीम को सौपी गई थी। शेख साहब को भवन निर्माण का शौक था इन्होंने अपने कार्यकाल में 'पँचमहल' और लखनऊ मेडिकल कालेज वाले टीले पर 'मच्छीभवन' का निर्माण करवाया था। मच्छी भवन, सत्ता का केन्द्र हुआ करता था।

लखनऊ एक वाणिज्य केन्द्र बन चुका था पर इस पर काबिज पठान साहिबजादे शेख साहब की मुसीबत का सबब थे। पठानों का रूतबा लखनऊ में काफी अहम हो गया था। इनसे निजात पाना अवध के किसी भी हाकिम के लिये लाजमी था।

सैयद सआदतखान (1720–39)

सन् 1720 ए.डी. में सैयद सआदतखान जिनका पहले नाम मीरमोहम्मद था, कस्बा निसाँपुर, खुरसान के रहने वाले थे ने

लखनऊ में आमद की। यह खुरसान के एक अमीर परिवार से ताल्लुक रखते थे। इन्हें अवध का प्रथम सूबेदार बनाया गया। 1722 यानी अपने दो साल के कार्यकाल में इन्होंने फारूखशायर के नीचे कार्यरूत रहते हुये मुगलिया मन्सब हासिल किया। अवध स्थापित सईद भाईयों को दर किनारे किया और पठानों को शिकस्त दी।

अपने दो साल के कार्य काल के बाद सन् 1722 में सैयद सआदतखान को बुरहान–उल–मुल्क मोहम्मद बहादुर अमीन किताब से नवाजा गया। इन्होंनें अवध की प्रथम राजधानी फैजाबाद में स्थापित की।

सन् 1720 से 1739 ए. डी. यानी 13 तक यह अवध की गदद्दी पर नशीं रहे थे। सन् 1739 में हिन्दूस्तान पर नादिरशाह का आक्रमण हुआ तो मुगलिया सल्तनत ने बुरहान–उल–मुल्क को दिल्ली तलब कर लिया। 1739 में एक बीमारी क दौरान शेख दिल्ली में गुजर गये।

नवाब सादत खाँ

नवाब सफदरजंग

नवाब सफदरजंग (1739–54)

बहरूल मुल्क सआदतखान के कोई पुत्र नही था केवल पाँच बेटियाँ थीं। इनके दामाद मोहम्मद मुकीम को अब्दुल मन्सूर खाँ बुरूहम–उल–मुल्क खिताब से नवाजा गया था, अवध की गद्दी पर बैठे। नवाब सफदरजंग का कार्य काल वैसे तो 15 साल था पर यह सारा समय फरूखाबाद के बागँस – पठानों से लड़ते

गुजारा। कुछ समय बाद सफदरजँग को दिल्ली बुला लिया गया पर वह मुगलिया दरबार में रची साजिश के शिकार हुये और सन् 1753 में उन्हें फिर अवध भेज दिया गया।

सुल्तान पुर के पास पापरघाट में 1754 में उनका देहान्त हो गया। नवाब सफदरजँग का बेहतरीन मकबरा दिल्ली में बनवाया गया जो वहां अब भी मौजूद है।

सुजा–उद्–दौला (1754–75)

सफदरजँग के पुत्र मिर्जा जलालुद्दीन् हैदर सुजाउद्दौला लखनऊ के बजाय फैजाबाद में रहते थे और अपने बाप सफदरजँग के मरने के बाद अवध की गद्दी पर 21 साल तक बैठै थे। यह कूटनीतिज्ञ, विद्धान और पराक्रमी थे। मुगल सल्तनत के एक वारिस अली गौहर कुछ वक्त लखनऊ इनके पास रहे थे। मुगलों ने इन्हें अपनी सल्तनत का वजीर बनाया।

सुजाउद्दौला ने गद्दी पर बैठने के बाद 1764 में गलत फैसला लिया औरं अंग्रेजों के खिलाफ बक्सर में मीर कासिम ने युद्ध छेड़ा तो वह मीर कासिम की तरफ से लड़ाई में शमिल हो गयें। बक्सर में अंग्रेजों की जीत हुई और अवध को अंग्रेजों की ईस्ट इण्डिया कम्पनी से ना केवल सन्धि करनी पड़ी बल्कि नवाब को रू0 50, लाख हर्जाना भी कम्पनी को चुकाना पड़ा।

यह महज एक इत्तफाक ही कहेंगे कि नवाब की दूसरी बेगम जनबा–ऐ–आलिया को ख्याब में हनुमान जी दिखे और उन्होंने कहा कि मेरा मन्दिर अमुक स्थान पर बनवा दो। बेगम ने उस सपने वाले स्थान को खुदवाया तो वह अलीगंज लखनऊ के जंगल में मिला। हनुमान जी की प्रतिमा को हाथी की पीठ पर लाद कर अलीगंज लाया गया। वर्तमान वह स्थान जहाँ पुराना हनुमान मन्दिर बना हुआ है हाथी वहाँ रूक गया और मुर्ति वहीं स्थापित

कर दी गई। तबसे निरन्तर यह दिवस बड़े मंगल के रूप में लखनऊ में मनाया जाता है।

नवाब सुजाउद्दौला

नवाबों का पतन

सन् 1773 में कम्पनी का प्रथम रेजिडेन्ट मि0 मिडलटन अवध में दाखिल हुआ और नवाब के दरबार में शमिल हुआ। यहीं से नवाबों का पतन प्रारम्भ हो गया। धीरें–धीरे अंग्रेजों का दखल नवाबों के स्वतन्त्र अधिकार और राजकाज पर लगना शुरू हो गया।

अंग्रेजों द्वारा प्रदत्त सेना का खर्च नवाब को उठाना पड़ा और इसी क्रम में अवध ने पहले चुनार फिर बनारस, गाजीपुर और अन्त में इलाहाबाद जिलों को अंग्रेजों को देना पड़ा।

चुंकि नवाब सुजाउद्दौला फैजाबाद में रहकर अवध की हुकूमत चलाते थे, इसलिए उन्होंने फैजाबाद के सौन्दर्यीकरण पर विशेष ध्यान दिया। नवाब की बहु बेगम एक प्रतिभाशाली, दूरदर्शी

पराक्रमी गुण सम्पन्न महिला थीं। फैजाबाद ने इनके कार्यकाल में जो तरक्की की शायद उसके बाद सम्भव नही हो सका।

सन् 1774 में नवाब के मरने के बाद इनका भव्य मकबरा गुलाबबाड़ी फैजाबाद में बनवाया गया।

नवाब आसफुद्दौला (1775–1797)

अवध के चौथे नवाब आसफुद्दौला 22 सालों तक गद्दी नशीं रहें, नवाब की माँ का उन पर काफी दबदबा था। उनके गद्दी पर बैठने से अवध के अवाम को बड़ी खुशी हासिल हुई।

नवाब आसफुद्दौला

अवध की राजनीति में बहुत तबदीलियां आयीं। शायद अपनी माँ के प्रभाव से हटने के सबब से नवाब ने 1755 में अवध की राजधानी फैजाबाद से लखनऊ तबदील कर दी गई। नवाब आसफुदौला के गद्दी नशीं होने से शिया संस्कृति का विकास हुआ, ईरान और इराक से सांस्कृतिक, वाणिज्य व्यापार का आदान–प्रदान होना शुरू हुआ। ईरान के शहरों से आकर लखनऊ में बसने वाले कई बुद्धिजनों ने लखनऊ की तहजीब हुनर, इकलाक और शिक्षा के क्षेत्र में इजाफा किया। लखनऊ पूर्व से बुद्धिजीवों का आला मरकज बन गया। नवाब को भवन निर्माण का शौक था। उन्होंने अपने रहने के लिए श्दौलतखाना' और मच्छीभवन के पश्चिम में रूमी दरवाजा और बड़ा इमामबाड़ा बनवाये।

सन् 1784 में रूमीगेट और बड़े इमामबाड़े का निर्माण आर्किटेक्ट किफायतउल्लाह की निगरानी में हुआ। यह एक बहुत ही भव्य इमारत है और इसे बनें (सन् 2010) आज 226 साल गुजर चुके हैं और दोनों इमारतें जिसके सामने नौबतखाना और पीछें टीले वाली मस्जिद बनी है बड़ें शान से लखनऊ को निहार रही हैं। इमामबाड़ा भवन निर्माण शैली का एक बेहतरीन नमूना है। इसकी लम्बाई 164 फीट और चौड़ाई 52 फीट है वैसे तो इतने बड़े हाल और इससे भी बड़े हाल, कई नवनिर्मित मालस में देखने को मिल जायेंगें परन्तु उनके निर्माण में मनों लोहा, सरिया, सीमेन्ट, कैन्टीलीवर्स, बेस पिलर्स का इस्तेमाल किया जाता है जबकि इस 226 साल पुरानी बुलन्द इमतारत में मात्र ईंट, चूना, राखी के अलावा पिलर, गर्डर, लोहा, सरिया, आर.सी.सी. का इस्तेमाल नही किया गया है। संसार में शायद ही कोई इतना बड़ा मेहराबी हाल मौजूद हो जिसमें एक भी बीम, पिलर, कैन्टीलीवर ना लगा हो।

भूलभुलैया

इमामबाड़े के ऊपर बगल वाली चारों दीवारों में बेहतरीन झरोखें बनाये गये हैं और दीवारों के टेढ़े सीधे रास्तों से पूरी छत को इस प्रकार जोड़ा गया है कि 489 झरोखों की निर्माण शैली हुबहु एक दूसरे से मिलती है उन्हीं से अन्दर और बाहर जाने का रास्ता है पर एक बार अन्दर क्या गये कि यह पहचानना मुश्किल हो जाता है कि किस रास्ते से बाहर निकलें। इस कमाल की भवन शैली को भूलभूलइयां कहा जाता है। 164 फीट लम्बे ऊपरी रास्ते के एक छोर से धीरे से बोलने पर दूसरे छोर पर खड़े व्यक्ति को सब साफ–साफ सुनाई पड़ता है।

इमामबाड़ें के पश्चिम में बेहतरीन ईरानी शैली की जुम्मा मस्जिद और पूर्व में हैरतअंगेज बावली (पानी का कुआं) बने हैं। बावली की तीन मंजिलें पानी के ऊपर और दो पानी के नीचे बनायीं गई हैं। गर्मियों में चलने वाली लू पानी से गुजर कर नीचे की मंजिलों को ठन्डा रखती थी। पानी की सतह से मिली तीसरी मंजिल के बीचों बीच वाले मेहराब में खड़े होने से बाहर के फाटक से अन्दर बाहर आने–जाने वाले हर चीज को देखा जा सकता है।

नवाब शिकार के शौकीन थे इन्होंने दिलकुशा में बिबियापुर कोठी का भी निर्माण ग्रीष्म आवास हेतु करवाया था। यहीं से वह शिकार खेलने जाते थे। एक दूसरी चुनहट कोठी भी बहुत सुन्दर शैली में निर्मित करवायी गयी थी।

अंग्रेजों ने देखा कि अवध की जनता नवाब आशुफद्दौला की मेहरबानियों की कायल होती जा रही हैं। अंग्रेजों की सत्ता एवं स्वतन्त्रता को निष्ठा खतरा पैदा कर सकती थी। अंग्रेजों ने साजिश के तहत शक जाहिर किया कि आशुफद्दौला नवाब

शुजाउद्दौला के असली वारिस नहीं हैं। अतः उन्हें गद्दी से हटाया जाता है। नवाब के भाई सआदत अली खॉ को अवध की गद्दी पर बिठाया जाता है। वारिस कौन होगा का फैसला जो पहले मुगलिया सल्तनत दिल्ली करती थी से हटाकर ईस्ट इन्डिया कंमनी कलकत्ता के हाथो होने लगा था।

नवाब बजीर अली खान

सन् 1798 में लखनऊ से शहर बदर हुए एक जनाब वजीर–अली ने बनारस में अंग्रेज रेजिडैन्ट का कत्ल कर दिया। हिन्दुस्तान में तैनात लार्ड वैलजली जो इंगलैन्ड के डयूक आफ विलिन्गटन के भाई थे को अब नवाब के खिलाफ एक और मौका मिल गया। नवाब को अपनी जनता, प्रदेश के अवाम की रक्षा करने में अक्षम घोषित करते हुए, अंग्रेजों ने अवध में कानून

व्यवस्था बनाये रखने के उद्देश्य से अंग्रेजी फौज देने की घोषणा की। इस फौज के रखरखाव का सारा खर्च नवाब के सिर मढ़ दिया गया। फौज की कमान्ड अंग्रेजों ने अपने हाथ में रखी। इलाहाबाद और रोहेलखण्ड को ईस्ट इन्डिया कंपनी नें अपने कब्जे में ले लिया, इसके ऐवज में नवाब ने गुजारिश की कि वह अवध ा के शेष बचे इलाकों में नवाब के कार्यो में हस्तक्षेप नहीं करेंगें, पर यह मुमकिन इसलिये भी नहीं था क्यों कि नवाब के 70: बचे प्रान्तों की रक्षा तो ब्रिटिश इन्डियन आर्मी के सुपुर्द थी। अंग्रेजों की दखल अंग्रेजी नवाबों के हर कार्य में बढ़ती गई।

नवाब के दरबार में जब जनरल क्लाइड मार्टिन ने प्रवेश किया तो उसने स्वःनिर्मित 'कौन्सटैन्सिया' (वर्तमान लामार्टिनयर्स व्याज कॉलेज) को साकार रूप दिया। नवाब कौन्सटैसिया भवन से इतने प्रभावित हुये कि उन्होंने उसे सोने की 10 लाख मोहरों में खरीदने का मन बना लिया। पर इससे पहले कि नवाब उसे खरीदते सन् 1797 में उनकी मौत हो गई और उन्हें आसफी बड़े इमामबाडे में दफना दिया गया।

नवाब सआदत अली खान (1797–1814 ए.डी.)

अवध की गद्दी पर वजीर अली गद्दी नसीन थे, इन्हें हटा कर आशुफुद्दौला के सौतेले भाई सआदत अली को गद्दी पर बिठाया गया। यह 16 साल अवध की नवाबी हुकूमत के स्वर्णकाल थे। लखनऊ की ज्यादातर इमारतें इसी वक्त में बनी थी।

1810 का वाक्या है जब एक सीधी–सीधी सड़क मुनुव्वरबक्श (वर्तमान हजरतगंज) इंगलैड की क्वीन स्ट्रीट की तर्ज पर बनाई गई। बाद में अंग्रेजों ने इसे अपने मुताबिक ढ़ाला और इम्पीरियल रिंग थियेटर (जी.पी.ओ.) और कोठी नूर बक्श ने (डी.एम. कोठी) इसे शान बक्शी कोठी हयात बक्श (राजभवन) एक बेहतरीन कोठी

ने इस सड़क को चार चाँद लगा दिये। कुछ अन्य कोठियाँ जैसे जहूर बक्श, नूर मंजिल (लालबाग) खुर्शीद मंजिल ऐनकबाज, कन्कर वाली, मुनुव्वर, लखनऊ क्लब, लौरेन्स टैरस बाद में बनी। इम्पीरियल रिंग थियेटर (जी.पी.ओ.) अंग्रेजों के वक्त में केवल अंगेजों के लिये मौजमस्ती, डान्स बार, ड्रामा आदि का बेहतरीन स्थान था। सन् 1925 में यहाँ एक विशेष अदालती कार्यवाही काकोरी काँड की सुनवाई के रूप में प्रारम्भ हुई थी। काकोरी काँड के शहीद अशफाकुल्ला खाँ को फाँसी की सजा इसी अदालत से जारी की गई थी।

नवाब सआदत अली खान

1929–32 में इम्पीरियल रिंग थियेटर का पुनः उत्थान हुआ और वर्तमान जनपथ मार्केट (हजरतगंज) जिसे बेगम महल कहा जाता था, गिरा कर जनपथ मार्केट बनाया गया है, बाद मे अंग्रेजों ने जनरल पोस्ट आफिस (जी.पी.ओ.) बना दिया था। सन् 1932

में यह जी.पी.ओ. जनपथ से हस्तानान्तरित कर वर्तमान जी.पी. ओ. रिंग थियेटर में लाया गया।

बादशाह गाजिउदूदीन हैदर (1814–27 ए.डी.)

मार्किस आफ हेस्टिंग्स (1819) ने गाजिउदूदीन हैदर को बादशाह के खिताब से नवाजा था। यह अवध के आखिरी वजीर हुए। सआदत अली खान के इस पुत्र के लिए मशहूर था। "ना कुछ करो– ना कुछ देखो"। इन्होने अपने वक्त में मशहूर छत्तर मंजिल, मोती महल, कदम रसूल, बनवाये और मरने के बाद इन्हें शहनज्जफ इमाम बाड़े में दफन किया गया।

नवाब गाजिउदूदीन हैदर

सन 1819, में मार्किस आफ हेस्टिंग्स अंग्रेजों ने सहादत अली के पुत्र गजिउद्दीन को धर्म का रक्षक और "बादशाह" खिताब

से नवाजा। उसने अंग्रेजों और नेपाल से नेपाल की तराई में हुयी जंग में मदद देने के लिए 2 लाख रुपये दिये थे। इसके एवज में अंग्रेजों ने आधी रकम चुकता किये जाने के ऐवज में (नेपाली) तराई का वो क्षेत्र जहॉ दलदल मिट्टी, घने जंगल, मच्छर आदि थे, गजिउद्दीन को दे दिये। गजिउद्दीन एक दूरदर्शी बादशाह था जिसने उस जंगल में उगने वाली साखू, चीड़ आदि लकड़ियों का कई बेहतरीन भवन जो उसने बनवाये, में इस्तेमाल किया। जानवरों के स्पर्धा संबंधी खेल, 'लखनऊ समिति', के तत्वाधान में सर्वप्रथम गजिउद्दीन हैदर नें ही प्रारम्भ करवाये थे। सहादत अली के एक बेटे नासिरउद्दीन और दूसरे बेटे मोहम्मद अली थे। नासिरउद्दीन सहादत अली के बाद 10 सालों के लिए गद्दी पर (1837–1842) बैठे और इनका अंग्रेजों के प्रति लगाव था और उनका यह लगाव न्याय, स्वतन्त्रता, तथा लोकतन्त्र नीति से पनपा था। परन्तु किंग नारूिद्दीन हैदर कुछ शराबी, कवाबी अंग्रेजों से घिरे रहते थें फिर भी वो एक लोकप्रिय शासक हुवे। तारा वाली कोठी जिस में आज लखनऊ की मुख्य स्टेट बैंक आफ इन्डिया शाखा स्थापित है को तारा मण्डल के रुप में उन्होनें विकसित किया था। इस तारामण्डल कोठी, लखनऊ, की छत पर फ्रांस से मंगवायी गई एक दूरबीन लगवायी गई थी। बेगम सआदत अली मजाकिये तौर पर इसे सआदती खिलौना कहकर पुकारती थीं। धर्मनिरपेक्ष नीति के तहत गाजियूदीन हैदर ने कानपुर से लखनऊ गंगा की धारा लाने का सपना संजोया। हैदर कैनाल लखनऊ से कानपुर तक बना डाली पर सब बिना भूमि सर्वे के हुआ। कानपुर–लखनऊ से बहुत नीचे स्तर पर पाया गया अतः प्रयास असफल हो गया।

बादशाह नासिरूद्दीन हैदर (1827–37 ए.डी.)

बादशाह गाजियूदीन हैदर के बाद बादशाह नासिरुद्दीन हैदर अवध की गद्दी पर बैठे। इनके कार्य काल की कोई खास उपलब्धि

नहीं है। ऐश और आराम नें इन्हें काहिल बना दिया था। अवध दरबार की नफासत इनके वक्त में खत्म हो गई थी।

बादशाह नासिरूद्दीन हैदर

नवाब को विदेशी समानों का बहुत शौक था। चीन, जापान, बेल्जिय के समानों की खरीद फरोख्त के मद्देनजर इन्होंने चाइना बाजार गेट और वर्तमान कन्वेन्शन सेन्टर के स्थान पर कप्तान बाजार बनवाया था। सावन– भादों महल (वर्तमान चिड़ियाघर) के अलावा तार वाली कोठी, दरगाह 12 वें इमाम खास मुकाम पर, छोटी छत्तर मंजिल इसी वक्त वजूद में आई।

नासिरुद्दीन (1827–37) के मरने के बाद कुछ सियासी मशक्कत के बाद उनके दूसरे पुत्र मो0 अली शाह (1837–42) कुछ वक्त के लिए गद्दी नशीन हुए थे लेकिन 1842 में गठियाबाई अथवा अरकुन्निशा रोग से ग्रसित हो मर गये। इन्होंने छोटा इमामबाड़ा बनवाया था, यहीं वह दफना किये गये।

बादशाह मोहम्मद अली शाह (1837–42 ए.डी.)

बादशाह का शौक इमारतें बनवाने में काफी था। छोटा इमाम बाड़े में इन्हे दफन किया गया था, जिसका निर्माण भी इन्होंने करवाया था। मोहम्मद अली के पुत्र अमजद अली (1842–47) का झुकाव शासन व प्रशासन से अधिक धर्म और धार्मिक कर्मकाण्डों में ज्यादा था। इनके बाद इनके पुत्र वाजिद अली शाह (1847–56ए0डी0) 26 साल की उम्र में अवध के 10वें गद्दी नशीन हुए। ये अवध के आखिरी नवाब हुए

बादशाह अमजद अली शाह (1842–47 ए.डी.)

लखनऊ–कानपुर रोड का निर्माण अमजद अली शाह ने शुरू करवाया बाद में इस सड़क को नवाब वाजिद अली शाह ने पक्का करवाया। लखनऊ के मशहूर बाजार हजरतगंज (2010) का निर्माण 168 वर्ष पूर्व इन्होंने करवाया था।

आसफी इमामबाड़े में इन्होंने शिया धर्म की शिक्षा प्रदान करनें के उद्देश्य से औसतन रु0 2500 प्रतिमास खर्च पर स्कूल स्थापित किया था।

अमीनाबाद

हजरतगंज अभी निखार पर आया ही था कि नवाब अमजद अली शाह के मंत्री जनबा अमीन्नौदौला उर्फ इमददद हुसैन खान

ने लखनऊ शहर में दूसरे बाजार अमीनाबाद की नींव रख दी। यह एक टीले पर विकसित था।

बादशाह वाजिद अली शाह (1847–56 ए.डी.)

वाजिद अली शाह का जन्म 30जुलाई 1822 को हुआ, ठुमरी और कजरी, लोक गीत शैली, कथक नृत्य, मौसिकी, चित्रकला, हुनर मन्दों की पहचान और उन्हें इज्जत अफजाई देना वाजिद बादशाह की पहचान बन गया, शहर में खुले मुँह के बक्से जगह–जगह रखवाये ताकि लोग अपनी शिकायतों से उन्हें वाकिफ करवा सके। खूबसूरत शख्सियत के मालिक बादशाह ने शिया कानून के सहारे 359 निकाह किये।

इन्होंने 9 साल अवध पर हकूमत की और 1856 में जंगे आजादी की पहली चिन्गारी लखनऊ के मूसाबाग से फूटी। यह 26 साल की उम्र में गद्दी पर बैठे थे और 35 साल की उम्र में अंग्रेजों द्वारा नजर बन्द कर मटिया बुर्ज, कलकत्ता ले जाये गये थे, वहीं इनका अन्त हो गया था।

वाजिद अली शाह 30 जुलाई 1822 ए.डी. को पैदा हुवे थे, पैदायशी कजरी मौसम के मिजाजानुसार इन्हे सौगात मे मिली थी, लखनऊ की वादियों नें इन्हें कथक का भी हुनरमँद बना दिया था, मौसकी और सूफियाना अन्दाज इनकी शौहरत में इफाजे का सबब बना,

13 फरवरी 1847 महज 26 साल की जवान उम्र में गद्‌दी नशीं हुये तो बेगमों की तादाद 300 को पार कर गई, कैसरबाग में केसरी रंग की इमारते इनके रहने के लिए बनाई गयीं और बीच में बाग बगीचे, फुहारे, बारादरी का निर्माण हुआ। बदकिस्मती का आलम यह था कि अवध में नवाब पूरी तरह अंग्रेजों के चंगुल में फंस चुके थे। बिना ईस्ट इण्डिया कम्पनी के रेजिडैन्ट साहब की इजाजत के बगैर कोई भी फरमान या कदम नही उठाया जा सकता था।

बादशाह ने लखनऊ के कूचे कूचे में खुले मुँह के बक्से रखवाये ताकि अवाम अपनी दिक्कतें लिखकर उसमें डाल दें जिसे वह पढ़ते थे। मौसकी नाच–गाना, संगीत, चित्रकारी, अदबो–अदाब से लबरेज 1500 लोगों को नवाब ने अपने दरबार में शामिल कर वजीफा देना शुरू कर दिया था,

बड़ा इमामबाड़ा

इनके अलावा 500 वैद्य हकीम और इलमकार भी दरबारी फेहरिस्त में शामिल किये गये थे। लखनऊ–कानपुर रोड पक्का करवाने के अलावा लखनऊ–फैजाबाद रोड को भी नवाब ने पक्का करवाया।

केसर से पुती इमारतें कैसरबाग बारादरी के आगे–पीछे लाइन से बनायीं गई। इमारतों के बीच बाग–बगीचे, फुहारें, नहरें बनायी गई, वर्तमान भातखण्डे, अमीरूद्दौला लाइब्रेरी, पूर्व और पश्चिम की ओर दो ऊँचें लटकैरी दरवाजे जिनकी छत पर चौमुखी जीने और सड़क पार 20 ऊँचें बुलन्द लकड़ी के नक्कासी दरवाजे लगाये गये थें।

राजधर्म

बादशाह एक धर्म निरपेक्ष सूफी मिजाज की शसिख्यत रखते थे, सूफियाना अन्दाज उनके निम्न शेर में झलकता हैः–

हम इश्क के बन्दें हैं, मजहब से नही वाकिफ,

काबा हुआ तो क्या, बुतखाना हुआ तो क्या।।

सूफियाना अन्दाज उन परिन्दों से मिलता था जो दाना चुगने में मन्दिर और मस्जिद में परहेज नहीं करते थें। यही राजधर्म था, इसकी और कोई अन्य परिभाषा नही थी। अदबो–अदाब को बढ़ानें की गर्ज से बादशाह ने 1500 हुनर मन्दों और 500 वैद्य–हकीनों को दरबारी रूतबा दिया था।

भटिया बुर्ज हुगली नदी के तट पर बसा है, यहाँ रहने के दौरान बादशाह को अंग्रेजों से मोटा वजीफा मिलता था। उन्होंने अपने कला प्रेम को यहाँ भी जीवित रखने की चेष्टा की थी। मटिया बुर्ज के दरबार हाल की दीवारें इस बात की गवाह हैं कि नवाब ने कलकत्ता के मशहूर संगीतकार जैसे अघोरनाथ चक्रवर्ती, साजद मोहम्मद, धीरेन्द्रनाथ बोस, श्याम लाल गोस्वामी तथा श्री रायचन्द्र बोस को अपने यहाँ आमन्त्रित किया और संगीत का आनन्द उठाया था।

नवाब ने अपना तखुल्लस, 'कैसर' रखा था इसी नाम से लिखते थे। 'बाबुल मोरो नैहयर छूटो जाये ....' कुन्दन लाल सहगल से मो0 रफी साहब ने अपने अन्दाज में गाया है। इस भैरवी ठुमरी को गाने और सुनने का नशा मदहोश कर देता है। नवाब ने कुछ राग जैसे जोगी, जूही, शाह–पसन्द बनाये, मौसिकी, दरिया–ऐ–तसक, अफसाने–इश्क और 'बहारे–उल्फत', को ड्रामों में तब्दील किया, 'दिवाने–ऐ–अख्तर', 'हस्ने–अख्तर'को गजलों में उतारा।

अंग्रेजों ने नवाब को हुकूमत के नाकाबिल समझा। परन्तु वाजिद अली शाह की बेगम, हजरत महल को तारीख हमेशाा याद रखेगी। सन 1780 से अवध के हुक्मरानाों के हक तो अंग्रेजों

ने अपने अख्तियार में ले लिए थे और इसके बावजूद वक्त वक्त पर किसी ना किसी बहाने वह नवाबों से धन दौलत की वसूली करते रहते थे। चुनान्चे अवध आर्थिक श्व प्रशासनिक नजरिये से अंग्रेजों की वजह से पंगु हो चुका था। गवर्नर जनरल लार्ड डलहौजी ने 1856 में सन1801 के सन्धि शर्तों का जिक्र करते हुए सारा दोष नवाब वाजिद अली शाह उम्र 35 साल पर मढ़ दिया और उन्हें भटिया–बुर्ज कलकत्ता में नजरबन्द कर दिया। नवाब वाजिद अली शाह की मौत कलकत्ता में ही हुई थी, लेकिन उनकी बेगम हजरत महल ने उस वक्त लखनऊ छोड़ने से साफ इनकार कर दिया था। नवाब ने गिरफ्तारी के बाद 'अख्तर' तखुलुस नाम से शायरी की और लखनऊ छोड़ते वक्त लिखा,

"दर–ओ–दीवार पर हसरत की नजर रखते हैं,
खुश रहो अहले–वतन हम तो सफर करते हैं।"

बेगम हजरत महल ने 1856 प्रथम स्वतन्त्रता संग्राम युद्ध की कमान लखनऊ में अंग्रेज रेजीडन्ट और उसकी फौजों के खिलाफ खुद संभाल ली थी। बेगम ने अपने पुत्र बर्जिस कादर को अवध का नवाब घोषित कर दिया था। फैजाबाद के मौलवी अजानुल्ला इस क्षेत्र के प्रभावशाली व्यक्ति थे। लखनऊ की घेराबन्दी के बाद वह युद्ध को रूहेलखण्ड तक ले गये थे। रूहेलखण्ड में छलपूर्वक एक हिन्दू राजा ने उन्हें मरवा डाला था। 1857 की ही हनक थी जिसे अंग्रेजों ने सबक सीखा था और 1876 में महारानी विक्टोरिया को भारत की महारानी की घोषणा होने के साथ ईस्ट इन्डिया कम्पनी का अस्तित्व भारत से समाप्त कर भारत की हुकूमत महारानी और ब्रिटिश सांसद के अधीन कर दी गई थी।

ईस्ट–इन्डिया कम्पनी ?

ईस्ट–इण्डिया कम्पनी का इतिहास मुगल बादशाह जहाँगीर के समय शुरू हुआ था। 1588 में स्पेनिश आर्मडा को हराने के

बाद अंग्रेज यूरोप में सर्वोच्च समुद्री शक्ति के रूप में उभरे, वह एशियाई देशों में व्यापार करने की इच्छा से ईस्ट–इण्डिया कम्पनी बनाई और अपने राजदूत हारकिन्स को मुगल बादशाह जहाँगीर के दरबार व्यापार निमंत्रण देकर भेजा था। ईस्ट–इण्डिया कम्पनी को सूरत में अपना कारखाना स्थापित करने की इजाजत मुगल दरबार से प्राप्त हो गयी, पर पुर्तगालियों के विरोध स्वरूप बादशाह को अपना फरमान वापिस लेना पड़ा था। सन 1857 के संग्राम के बाद अंग्रेजों की लाख कोशिश के बावजूद वो बेगम हजरत महल को गिरफ्तार नहीं कर पाये थे और नाही बेगम ने चारों तरफ से घिर जाने के बाद अंग्रेजों के सामने आत्म समर्पण नहीं किया वो नेपाल पहुॅच गई । इस स्वतन्त्रता संग्राम को हारने के बाद भी वह 22 साल तक नेपाल में जिन्दा रहीं और 1879 में इनकी मृत्यु हुई। आज उन्हीं के नाम से लखनऊ स्थापित क्लार्क होटल के सामने वाले पार्क का नाम बेगम हजरत महल पार्क रखा गया है जिसे पूर्व में क्वीन विक्टोरिया मेमोरियल कहा जाता था।

मैं लखनऊ मूसाबाग स्थापित निजी क्षेत्र के एक मेडिकल कालेज में कार्यरत हूॅ । यहॉ घने जंगलों में गोमती बहती है और वहीं एक गांव के पास बेहतरीन कारीगरी के नमूने का एक विशाल खण्डहर खड़ा है, 1856 में जंगे आजादी यहीं से शुरु हुई थी। इस खण्डहर पर शायद ही किसी की नजर पड़ी हो। यह मूसाबाग पैलेस था जिसमें अंग्रेज रहते थे।

अदब अखलाक की एक मिसाल पर गौर फरमायें कि आदमी तो आदमी था जानवरों की भी हैसियत थी। नवाब शुजाउद्दौला घोड़े पर सवार अपने खैर ख्वाहों के साथ इसी तरफ निकले तो घोड़े की टाप से एक चूहा हलकान हो गया। नवाब साहब को चूहे की मौत का गम हुआ और उन्होने इस इलाके का नाम 'मूसा बाग' रख दिया।

बेगम हजरत महल

बादशाह वाजिद अली शाह की बेगम, बेगम हजरत महल का जिक्र लाजमी है। वह एक बहादुर, निडर और शायर महिला थीं।

वह फैजाबाद के एक साधारण परिवार में पैदा हुई थी। शुरूआत में इन्हें हरम में बेगमातों की खिदमत में रखा गया था। इनकी खुबसूरती और दानिशमंदी से प्रभावित हो बादशाह ने इन्हें बेगम कबूल कर लिया था। बेटा होने पर इन्हें कहा जाता है कि बेगम महल का खिताब दिया गया था। अंग्रेजों से लड़तें समय अपने पास जहर रखती थी ताकि पकड़ें जाने से पहले वह उसे निगल जायें ताकि अंग्रेजों को मात्र उनकी लाश ही हाथ लग सके।

अपनी आबरू की इज्जत और हिफाजत का उन्हें हमेशा ख्याल रहता था। उनका बचपन का नाम 'उमराव' था। सेना के अलग–अलग गुटों को एक जुट समेट के रखने का उनमें मादा था। सेना को जब भी सम्बोधित करती तो सेना में उन्माद उमड़ आता था। राजा मान सिंह ने 1857 में रेजीडेन्सी पर अस्थाई कब्जा कर लिया था, बेगम ने अंग्रेजों की नाक तले राजा की खुल कर तारीफ की और उन्हें इनाम से भी बख्शा था। नवम्बर 1857 से फरवरी 1858 (मात्र 4 माह में) बेगम ने अपनी फौज को संगठित कर जनरल आउटरम की अंग्रेज फौजों पर छह बार हमला बोला था। खुद हाथी पर सवार होकर बेगम का लश्कर अंग्रेजों पर हमला बोलता था। बेंगम का कहना था कि अवाम ने उन्हें जो मोहब्बत और इज्जत दी है उसी के बदले अंग्रेजों से लड़कर वह कर्ज अदा करना चाहती हैं ताकि अवाम बाइज्जत स्वतंत्र जिन्दगी गुजर बसर कर सके। कौम की हिफाजत का जज्बा इस बात से लगाया जा सकता है कि नवाब साहब के बड़े भाई मिर्जा मोहम्मद अली खाँ, गाजिउद्दीन हैदर के सबसे छोटे भाई नवाब रूयनउद्दौला तथा दिल्ली से आये मेहमान प्रिंस मोहम्मद हुमायूँ खाँ, मिर्जा मो0 हैदर शिकोह और राजा तुलसीपुर नवाब मो0 हसन खाँ को अंग्रेंजो ने रेजीडैन्सी में नजरबंद कर लिया।

बेगम को जब पता चला तो उन्होंने अंग्रेजों के नुमाइंदों को नजरबन्द करने की सोची वह इस नजरिये से कि उनके ऐवज में हिन्दुस्तानी नजरबन्दों को छुडवाया जा सके। पता चलाप कि मितावली के राजा लोनी सिंह ने गदर के वक्त कुछ अंग्रेजों को अपने महल में शरणागत किया था, बेगम ने राजा को एक फरमान जारी कर दिया।

'ताजदारे अवध, बेगम हजरत महल साहिबा हुक्म नामा जारी करती हैं और आम खास के लिए ऐलान करती है कि सल्तनतें अवध पर वह काबिज हो चुकी हैं। हमें खबर मिली है कि आपने अपने महल में कुछ फिरंगियों को पनाह दे रखी है।

फरमान जारी किया जाता है कि राजा लोनी सिंह उन फिरंगियों को लेकर अपने हाकिम व नाजिम के साथ सल्तनत अवध बेगम हजरत महल के दर–ए–दौलत पर फौरन हाजिर हों।

26 अक्टूबर 1858 को राजा लोनी सिंह के नाजिम जहूर–उल–हसन आठ अंग्रेंजों को लेकर बेगम की खिदमत में हाजिर हो गये। यह अंग्रेज थे; माउन्ट स्टुअर्ट, जैक्सन, कैप्टन ओर, कै0 बर्नस, सार्जेन्ट मेजर मार्टिन, मिस मैडलीन जैक्सन, एनी, सुफियाना, क्रिश्चियान।

बेगम ने आठों अंग्रेजों को इज्जत बक्सते हुवे वर्तमान स्टेट बैंक ऑफ इण्डिया मुख्य शाखा (तारा वाली कोठी) स्टेडियम के पीछे दरोगा मीर वाजिद अली के साथ ठहरने को भेज दिया।

ठीक पाँच महीने बाद पाँच मार्च 1958 को जनरल कॉलिन कैंपबेल अंग्रेजों की फौज की टुकड़ी लेकर कानपुर से लखनऊ पहुँचे चुके थे, इनकी मदद के लिए छः दिन बाद 11 मार्च 58 को नेपाल के वजीर राना जंगबहादुर अंग्रेजों की मदद में सीतापुर रोड से गोमतीपार कर लखनऊ आ गये, बेगम ने जमकर इन सबका सामना किया पर हार गईं।

16 मार्च 1858 को बेगम हजरत महल ने लखनऊ को अलविदा कह दिया। लखनऊ से वह भैरवाँ पहुँची वहाँ से खैराबाद आयीं। राजा हर प्रसाद जी ने उनका स्वागत किया। बेगम ने महिला सैनिक दल बनाया था जिसे तोप, बन्दूक आदि चलाना रहीम सिखाते थे। इन्हीं महिलाओं ने जमकर अंग्रेजों से लोहा

बेगम की कैसरबाग से मौलवीगंज तक पैदल यात्रा का रेखाचित्र

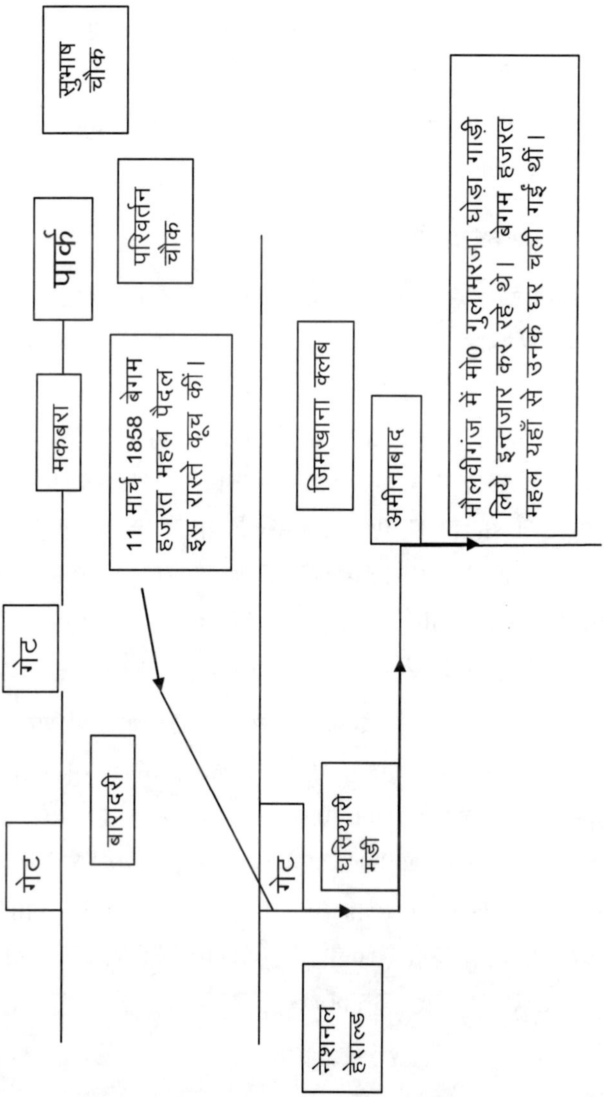

लिया था।

इन्हीं महिलाओं में उस वक्त की एक तवायफ हैदरीबाई थी, इनके कोठे पर कई अंग्रेज आते थे और आपसी बातचीत में क्रान्तिकारियों का जिक्र करते थें। हैदरीबाई इनकी बातों को गौर से सुनती थीं और बेगम तक खबर पहुँचाती थीं कि किस क्रान्तिकारी के खिलाफ अंग्रेज क्या कह रहे थे। यही हैदरीबाई बाद में बेगम की महिला सैनिकों में शमिल हो गई और देश के लिए खुद कुर्बान हो गईं थी।

प्रिन्स अन्जुम कदर

नवाब वाजिद अली शाह के परपोते प्रिन्स अन्जुम कदर सन् 1930 में मटिया बुर्ज में पैदा हुये, कलकत्ता में पढ़े–लिखे और बड़े हुये। उनके परिवार के किसी भी सदस्य का लखनऊ आना अंग्रेजों ने बन्द कर रखा था। 1947 में प0 गोविन्द बल्लभ पन्त जी की सरकार उत्तरप्रदेश में बनी, सरकार के श्री फजलहक साहब नें मन्दिर प्रांगण से शहनाई वादन, हिन्दु–मुस्लमान एकता प्रतीक रूप प्रारम्भ किया था, बाद में यह शहनाई वादन बन्द हो गया था, क्योंकि इसका खर्च उठाने की जिम्मेदारी कोई ओढ़ने को तैयार नही था।

नवाब के परपोते प्रिन्स ने सन् 60' के दशक में शहनाई वादन प्रथा पुनः आरम्भ करवाने के खर्च को अपने जिम्मे लेते हुये इसे पुनः शुरू करवाया था। प्रिन्स अकसर लखनऊ आते थे, कार्टन होटल में रूकते थे और वापिस कलकत्ता चले गये थे, सरकार ने उनकें रहने का कोई मकान लखनऊ में उन्हें मोहइया नही करवाया था। प्रिन्स ने कहा था कि लखनऊ आना उनकी मोहब्बत का सबूत है, यह उनकी लाचारी है,

'आराम न हो दिल को तो ऐ यार क्या करें।

फिर–फिर के यही आते हैं – लाचार क्या करें।।

ब्रिटिश शैली निर्मित भवनों का निर्माण भी इसी काल में हुआ जैसे विधान सभी भवन, तारा वाली कोठी, क्लॉक टावर, मच्छी भवन आदि। 18वीं तथा 19वीं सदी में यूरोपियन वास्तुकला से सजी कुछ खुबसूरत इमारतें लखनऊ में बनायी गई। आइये एक सरसरी निगाह इन पर डालें।

कोठी बिबियापुर (मिलिट्री डायरी फार्म. दिलकुशा)

नवाब शहादत अली खाँ की ताज पोशी इसी इमारत में हुई थी। वर्तमान में यह इमारत आर्केलौजी सर्वे ऑफ इण्डिया के अधीन संरक्षित हैं तथा मिलिट्री डायरी फार्म में है। भरत में यह अपने किस्म की पहली खुबसूरत इमारत थी जिसमें फ्रैन्च वास्तुकला छलकती थी। हल्के नीले रंग की बेशकीमती टाइलों से जो फ्रांस से आईं थीं, भवन के अन्दरी हिस्से को सजाया गया था। कोठी के अन्दर सर्पाकार जीना कला का जीता जागता नमूना है। नवाब साहब यहीं से आखेट (शिकार) खेलते थे।

कोठी फरहतबख्श (छतर मंजिल) (1775–97)

जनरल क्लॉड मार्टिन ने इसे अपने आवास के लिए बनवाया था। यह एंग्लो–यूरोपियन वस्तुकला का एक सुन्दर नमूना है। नवाब सहादत अली खाँ ने इस कोठी को अपने लिए जनरल मार्टिन से खरीद लिया था। बाद में अवध के अन्य नवाब इसी कोठी में रहते रहे जैसे – नवाब वाजिद अली शाह।

लाख–ए–पीरा (छतर मंजिल)

कोठी फरहतबख्श अथवा लाख–ए–पीरा शुरू में करीब पाँच एकड़ में फैली हुई थी। इसमे 1 लाख पेड़ लगे थे। इसके उत्तरी

ओर गोमती नदी बहती है। नवाब आसफुद्दौला के 1775–1797 ई0 के दौर में झाउलाल का पुल बना तथा क्लाड मार्टिन को लखनऊ के वास्तु शिल्प शास्त्री नियुक्त किया गया था। सन् 1781 में छोटी छतर मंजिल बनकर तैयार हुई थी और इसका नाम उस वक्त मार्टिन विला था। नवाब सआदत अली खान, आसफुद्दौला के बाद नवाब सआदत अली जो सन्1798 में अवध की गद्दी पर नशीन हुये तो अपने निवास शीशमहल आसिफी कोठी लखनऊ में रहा करते थे। यहां वे बीमार पड़ गये तो उन्हें गोमती किनारे तरोताजी हवा और खुले मकान में रहने को कहा गया और उन्हें सुझाव दिया गया कि वे मार्टिन विला (छतरमंजिल) में जाकर रहें तो बेहतर होगा। सआदत अली खान रहने के लिए छतरमंजिल आ गये और कुछ ही दिनों में सेहतमंद भी हो गये। उन्होंने मार्टिन विला (छतरमंजिल) को कोठी फरहत बख्श का नाम दिया।

छतरमंजिल के भू–स्तर पर पोर्च से अन्दर जाने पर एक बहुत लम्बा चौड़ा हाल आता है और इस भू स्तर के नीचे बेसमेंट भी बना हुआ है। लू भरी गर्मियों में चलने वाली गर्म हवायें गोमती के पानी को छुती हुई बेसमेंट में ठण्डक पहुँचाती हैं। गर्मियों में नवाब इसी बेसमेंट में रहा करते थे।

नवाब सआदत अली खान की माँ का नाम छतर कुवँर था। फरहत बख्श कोठी के बगल में जिस बहुमंजिली इमारत का निर्माण नवाब ने करवाना प्रारम्भ किया था वह अभी पूर्ण नही हो पाई थी कि नवाब मर गये। उनके बेटे नवाब गाजिउद्दीन हैदर (1814–1827) ने इस भवन को पूर्ण करवाया और छतर कुवँर के नाम पर इस भवन का नाम छतर मंजिल रखा गया। छतर मंजिल मात्र गोमती किनारे ही नही बना हुआ था बल्कि इसका विस्तार गोमती पार तक था। नदी के बीच में एक गोलाकार

लखौरी ईंटों की पवेलियन बनायी गई थी और भवन का पूर्वी द्वार सीधे पवेलियन तक चला जाता था। पवेलियन से छतर मंजिल भवन तक गोमती के पानी में नावों द्वारा आना–जाना होता था। 1860 में लोहे वाले पुल डालीगंज से गोमती के किनारे – किनारे एक पक्की सड़क का निर्माण हुआ था जिसे ठण्डी सड़क कहा जाता था। सन् 1960 से 70 के दशक तक लेखक स्वंय इस सड़क के किनारे बनी हुई सीमेंट की कुर्सियों पर बैठकर गोमती का नजारा ले चुका है परन्तु अब यह सड़क खत्म कर दी गई है और इसके स्थान पर शहीद स्मारक पार्क बना दिया गया है।

यूनाइटेड सर्विसेज क्लब

नवाब नसिरूद्दीन (1827–1837) दस साल के दरम्यान में उन्होंने छतरमंजिल को खूब सजाया और उसकी सुन्दरता को बढ़ाया, छतरी भी उन्होंने लगवायी। इस छतर मंजिल की खिड़कियां और दरवाजे गोमती नदी की ओर खुलते थे ताकि तेज गर्मियों में शीतल हवा भीतर आये। इमारत के भीतर निहायत ही खुबसूरत सजावट की गई लेकिन 1857 क्रान्ति के दौरान अंग्रेज जनरल हैवलाक ने इसे उजाड़ दिया और कीमती सामान इंगलैण्ड भिजवा दिया तथा छतर मंजिल में यूनाइटेड सर्विसेज क्लब और एक लाइब्रेरी अंग्रेजों के लिए बनवा दी। बगल में बनी छोटी छतरमंजिल को सन् 1917 में गिरवा दिया और 1920 में आर्कियोलॉजिकल सर्वे ऑफ इण्डिया में मुख्य छतरमंजिल को अपने संरक्षण में ले लिया परन्तु सन् 1951 में भारत सरकार ने यहाँ पर केन्द्रीय औषधि शोध संस्थान की स्थापना कर दी जिसे सन् 1968 में राज्य सरकार ने पुनः अपने संरक्षण में संरक्षित इमारत घोषित कर दिया।

इसके सामने कमिश्नर लखनऊ का कार्यालय तथा कचहरी है। यह हिस्सा पीछे बनी लाल बारादरी में सम्मिलित था और यही लाल बारादरी वह ऐतिहासिक स्थल है जहाँ नवाब वाजिद अली शाह की ताजपोशी हुई थी परन्तु यह वह अभिशप्त स्थान भी है जहाँ नवाब नसिरूद्दीन हैदर और गजिउद्दीन हैदर को जहर दिया गया था।

तारा वाली कोठी (स्टेट बैंक आफ इण्डिया मुख्य शाखा)

नवाब सआदत अली खान ने वर्तमान स्टेट बैंक ऑफ इण्डिया मुख्य शाखा जो के0 डी0 सिंह बाबू स्टेडियम के पीछे है तथा जिसे तारा वाली कोठी कहते थे और नवाब में इसी तारा वाली कोठी की छत पर एक दूरबीन लगवायी थी, यह दूरबीन तारा मंडल देखने के लिए लगवायी गयी थी, इसी के सामने वर्तमान लामार्टिनियर्स गर्ल्स कालेज है।

खुर्शीद मन्जिल (लामार्टिनियर्स गर्ल्स प्रिन्सीपल आवास) 32वीं मैस हाउस

लामार्टिनियर्स गर्ल्स कालेज का मुख्य भवन ही खुर्शीद मंजिल है। इसका निर्माण सआदत अली खान ने प्रारम्भ किया था परन्तु निर्माण काल मे ही नवाब और बेगम (1814) दोनो का अन्त हो गया था। नवाब के पुत्र नवाब गजिउद्दीन हैदर ने आर्किटेक्ट कैप्टन मैकलिऔड़ द्वारा खुर्शीद मंजिल का मानचित्र बनवाया और 1818 में वह स्थान जिसे चिरइया झील कहते हैं स्थल पर खुर्शीद मंजिल का निर्माण करवाया। मैं कुछ बार खुर्शीद मंजिल उस समय गया था जब मि0 ग्रेस्यू और बाद में मिसेज कीलर इस कॉलेज की प्रिन्सीपल हुई। खुर्शीद मंजिल भवन के चारों ओर पक्की नहर बनी है, अन्दर–बाहर जाने के लिए बन्द–खुलने वाला 10 फीट चौड़ा लकड़ी का पुल बना है, बाहर से कूद कर मंजिल

के अन्दर नही जाया जा सकता है। चार जीने चढ़कर प्रवेश कक्ष से हो कर आप एक बड़े हाल मे प्रवेश करते हैं मि0 ग्रेस्यू ने इस ड्राईग रूम बना रखा था ओर एक और बड़ा पियानो रखा हुआ था।

नवाब ने बाद में यह खूबसूरत भवन अंग्रेजों को दे दिया था। अंग्रेजों ने इसका नाम परिवर्तित कर 32वीं मैस हाउस रख दिया था। 1857 स्वतन्त्रता संग्राम के समय टीले पर बने इस भवन को घेर लिया गया था परन्तु बाद में कैप्टन वुलजले ने इसे मुक्त करवा लिया था।

कोठी दर्शन विलास (चौरूखी कोठी)

दर्शन विलास का निर्माण तो गजिउद्दीन हैदर ने शुरू करवाया था परन्तु इसे पूर्ण उनके पुत्र नसीरूद्दीन हैदर ने 1837 करवाया था। वर्तमान छतर मंजिल के नवाब खुद कोठी फरहतबक्स (वर्तमान गवर्नर हाऊस) में रहते थे। कोठी चौरुखी कुदसिया महल के नाम से भी विख्यात हुआ था । कुदसिया बेगम नवाब नासिरुद्दीन हैदर की पत्नी थीं।

कोठी रौशनुद्दौला (कैसर पसन्द)

केसरबाग बस अड्डे के सामने कुछ सालों पहले तक रौशनुद्दौला कचहरी हुआ करती थी जो वहॉ से हट गई है, यह ऐंगलो–फ्रेन्च वास्तुकला का एक सुन्दर नमूना है। नवाब रौशनुद्दौला ने इसे अपने रहने के लिए बनवाया था। बाद में नवाब वाजिद अली शाह ने इसका नाम बदलकर “कैसर पसन्द” कर दिया था। नवाब वाजिद अली शाह की एक बेगम का नाम माशूक महल था नवाब ने कैसर पसन्द उन्हें दे दिया था और वह वहीं रहती थी। जब अंग्रेजों ने अवध पर कब्जा कर लिया तो कैसर पसन्द महल में कोर्ट/दफ्तर खोल दिया था वहाँ रौशनुद्दौला कचहरी

लगने लगी थी। नवाब वाजिद अली शाह के वक्त में एक तवायफ का नाम 'छप्पन छुरी' था। छप्पन छुरी का पहला मुकदमा अंग्रेजों ने इसी रौशनुद्दौला कचहरी में चलाया था।

बटलर पैलेस

सन 1915 में अवध के डिप्टी–कमिश्नर सर हरकोर्ट बटलर थे। बटलर पैलेस जो भैंसाकुण्ड की तरफ है इसकी नींव बटलर नें डाली थी। पैलेस का निर्माण राजा मोहम्मद अली मोहम्मद खान महमूदाबाद ने करवाया और बटलर साहब इसमें रहते थे। पैलेस के अन्दर तीन भवन निर्मित किये गये थे परन्तु गोमती के पास होने से बाढ़ का प्रकोप यहॉ बना रहता था। पैलेस में ऊपर बेहतरीन गुम्बद बनाये गये हैं और इसके सामने एक झील भी है।

अंग्रेजों के जाने के बाद पैलेस राजा महमूदाबाद को वापिस मिल गया पर वर्तमान राजा के वंसज राजा मोहम्मदखान पाकिस्तान चले गये और सारी संपत्ति पहले खाली फिर शत्रुसंपत्ति घोषित कर दी गई थी। चूँकि राजा मोहम्मदखान के पुत्र वर्तमान राजा महमूदाबाद और उनकी वाल्दा अपनी इच्छा से भारत के नागरिक बने रहे अतः उन्होनें निचली अदालत से लेकर सुप्रीम कोर्ट तक गोहार लगाई कि संपत्ति के वह असली वारिस हैं तथा जिन्हें भारतीय नागरिक होने का गर्व भी है को संपत्ति वापिस मिलनी चाहिये। सुप्रीम कोर्ट में वह जीते और बटलर पैलेस के अलावा लखनऊ स्थापित अन्य पैत्रिक संपत्ति भी उनके पक्ष में कर दी गई। जुलाई 2010 में किस्मत नें फिर पलटा मारा और भारत सरकार ने ऐनेमीप्रोपर्टी आर्डीनेन्स अपर हाउस से पास करवा लिया, राजा को लखनऊ, सीतापुर, लखीमपुर की रू0 3000 करोड़ की सम्पत्ती पुनः सील कर दी, आर्डिनेन्स पर प्रेसिडेन्ट भारत सरकार के हस्ताक्षर होने थे कि तभी भारत सरकार के

अल्पसंख्यक मन्त्रालय के मंत्री श्री खुर्शीद आलम खाँ, शिया धार्मिक उल्लेमा श्री कल्बे जव्वाद ने सरकार के इस कदम को न्यायोचित ना बताते हुये प्रधानमन्त्री डा0 मनमोहन सिंह से अनुरोध किया कि इस आर्डीनेन्स को पार्लियामेन्ट के मानसून सत्र में ना रखा जाये ताकि इसकी समय अवधि स्वतः समाप्त हो जाये।

कोठी दिलकुशा, 1857

राजा की सम्पत्ति जब्त किये जाने के पक्ष में हजरतगंज व्यापार संघ के व्यापारियों ने अपनी ओर से कोर्ट जाने की तैयारी पूर्ण की जा रही है। भारत के जाने माने वकील राम जैठमलानी व्यापारियों की ओर से अपना पक्ष प्रस्तुत करेंगे ऐसा अनुमान है।

कोठी दिलकुशा, 1996

ला–मर्टिनियर्स

सन 1751 में फ्रांस से एक आम सिपाही क्लौड मार्टिन निर्धन सिपाही की हैसियत से भारत आये। कलकत्ता से होते हुए जब कुछ वर्षों बाद वह अवध पहुँचे तब तक उन्होंने एक बड़े हैसियतदार अमीर का रुतबा हासिल लिया था। इसी वक्त अवध में अकाल पड़ा और नवाब आसुफुद्दौला का शाही खजाना खैरात बॉटनें में खाली हो चुका था।

ला–मर्टिनियर्स

सदक अली मकबरा

छत्तर मंजिल

काउंसिल हाउस

दरवाजा छोटा इमामबाडा

छोटा इमामबाडा

बड़े इमाम बाड़े का निर्माण

कहावत थी, नवाब साहब दिन में बड़ा इमामबाड़ा बनवाते थे और रात में गिरवा देते थे, यह इस वजह से ताकि अवाम को काम मिलता रहे और निर्माण पूर्ण हो जाने से इस अकाल के वक्त काम की कमी न आने पावे। नवाब को पैसों की सख्त जरुरत थी, लगान मिल नहीं रहा था इस मौके पर क्लौड़ मार्टिन ने अपने पास से नवाब को 2,50,000 पौंड उधार दिये थे। ईस्ट–इन्डिया कंपनी ने क्लौड मार्टिन के रुतबे को देखते हुए, 'मेजर जनरल', खिताब से नवाजा था। इसी मार्टिन ने लखनऊ, कलकत्ता तथा लायन्स (फ्रान्स) में लामर्टिनियर्स स्कूलों को स्थापित किया।

कान्सटैन्सिया पहले मकबरा फिर पैलेश बाद में स्कूल

ऐसा विश्वास है कि ला–मार्टिनियर्स ब्वायज स्कूल लखनऊ का प्रथम नाम "कान्सटैन्सिया", था। कुछ का कहना है कि "कान्सटैन्सिया", एक मोटो था। कुछ का कहना है कि मोटो "लेबौर ऐट कान्सटैसिया" जिसके अर्थ हुए "श्रम एवं विश्वास" से यह लिया गया था, औरों का कहना है कि क्लौड मार्टिन का प्रथम प्रेम "कान्सटैन्सी" जिसे वह फ्रांस में छोड़ आया था की याद में उसने इसकी स्थापना की थी। यह एक मकबरा था जो बाद में पैलेस बन गया। शादी के केक के आकार के भवन ईंट गारे में उतारना एक कौसल का कार्य था। मार्टिन ने इसमें निवास करने के उद्येश्य से खूब सजाया, पर्दे, झाड़ फानूस लगाये बेहतरीन चित्रकारी करवाई, बड़ी 2 मूर्तियॉ भवन पर स्थापित की, यह एक छोटा मोटा किलानुमा बन गया जिसमें गुप्त रास्ते, बाहर तोपें लगायी गई थी।

सतखण्डा

बड़ा इमामबाड़ा

असाफी मस्जिद

छोटा इमामबाडा

शाहनजफ इमामबाड़ा

Kothi Roshanuddaula, 1857. (Courtesy State Museum, Lucknow)

कोठी रौशनउद्दौला, 1996

शाहनजफ इमामबाड़ा

मकबरा

वर्ष 1800 में मार्टिन के मरने पर उसे ला–मार्टिनियर्स कालेज में दफनाया गया। उसने मरने से पूर्व इच्छा जाहिर की कि ला मार्टिनियर्स भवन का इस्तेमाल हर मजहब के बच्चों को शिक्षा देने के उद्देश्य से स्कूल के रूप में किया जाये। 1840 में लखनऊ, कलकत्ता और लायन्स फ्रांस में ला–मार्टिनयर स्कूल स्थापित किये गये जो अब भी चल रहे हैं। सन् 1857 स्वतन्त्रता संग्राम आन्दोलन के वक्त लखनऊ ला–मार्टिनयर्स का समस्त स्टाफ तथा विद्यार्थी स्कूल खाली कर रेजीडेंसी भवन में चले गये थे। स्कूल भवन तथा इसकी साज–सज्जा को आन्दोलनकारियों ने काफी हानि पहुँचायी थी जिसका पुर्नउद्धार वर्ष 1858 में किया गया। स्कूल के स्टाफ तथा विद्यार्थियों द्वारा रेजीडेन्सी में रहते हुये आन्दोलनकारियों से जम कर मोर्चा लिया था, इसी से प्रसन्न हो कर ब्रिटिश शासन ने 1932 में, 'युद्ध सम्मान' प्रदान कर लखनऊ ला–मार्टिनियर्स कालेज को गौरवान्वित किया था। सम्पूर्ण विश्व में 'ब्रिटिश युद्ध सम्मान' प्राप्त करने वाला यह प्रथम स्कूल

है। हमारी धरोहर इस स्कूल से कितनी जुड़ी है इसका फैसला तो उन बच्चों के माता–पिता करेंगे जो अपने बच्चों की शिक्षा प्राप्ति हेतू लाइन लगा कर इस स्कूल के प्रांगण में नतमस्तक हो खड़े रहते हैं। वर्ष 2000 में इस स्कूल ने अपनी स्थापना के 200 वर्ष पूर्ण कर लिये थे, इस अवसर पर एक भव्य समारोह भी आयोजित किया गया था जिसमें हर वर्ग के वक्ता ने स्कूल की महिमा का गुणगान किया था।

आदाब ए अवध

जिक्र अवध का तब तक पूरा नही होगा जब तक हम बेगम अख्तर की खिदमत में सलाम पेश नही करते। कौन थीं बेगम अख्तरी जानने से पहले हमारी दिलचस्पी ठुमरीं, दादरा, गजल और कुछ नगमों की गायिकी से जुड़ी होनी जरूरी है। इस गायिकी में संगत देने के लिए सारंगी, तबला, हारमोनियम आदि ही वाद्य यंत्र होते थे। इन्ही वाद्य–यंत्रों को आर्केस्ट्रा की संज्ञा दी जाती थी। इन सब की संगत में उभरने वाला शोज लिया हुआ सुर हमें दीवानगी की दहलीज पर पहुँचा देता था और बेगम अख्तर की गायी गजल;

''दीवाना बनाना है तो दीवाना बना दे

वर्ना कहीं तकदीर तमाशा न बना दे

देखने वालों हँस–हँस के न देखो

तुमको भी मोहब्बत कहीं हमसा न बना दें।।

ठुमरी;

''काहे मारे बोला नंनदिया''

और इन्ही का लिखा रोटी फिल्म का गीत; ''उलझ गये नैनवा, छूटे न छुड़ाये''

2014 में रिलीज हुई फिल्म 'डेढ़ इश्किया' में अभिनेत्री माधुरी दीक्षित का एक नृत्य बेगम अख्तरी के गीत पर ही फिल्माया गया है। सुना है कि माधुरी दीक्षित ने इस गीत का फिल्मीकरण प्रस्तुत करने के लिए कई करोड़ रूपये लिये हैं। गीत है, ''हमारी अटरिया पे आओ सांवरिया''। इस सबसे स्पष्ट होता है कि गुजरे वक्त की अख्तरीबाई जो बाद में बेगम अख्तरी के नाम से प्रसिद्ध हुई थी और जो हमारे बीच में नही हैं उनका वजूद 2014 में भी हमारे साथ चल रहा है। इसीलिए उन्हें 'आदाब ए अवध' पेश करते हुए हम बताना चाहेंगे कि बेगम कौन थीं। इनका जन्म फैजाबाद में हुआ था और बचपन से इन्हें गानों का शौक था। कलकत्ता में 1920–30 के मध्य में पहुँचकर इनकी कई गजलें, ठुमरी, दादरा, नजमें रिकार्ड की गयीं पर गानों की महफिलों ने अख्तर के नाम के साथ 'बाई' जोड़ दिया और लोग इन्हें तवायफ समझने लगे। इससे इन्हें बहुत तकलीफ हुई और यही वक्त था जब नवाब रामपुर इनपे फिदा हो गये पर बेगम कबूल करने को तैयार नही हुये। उस वक्त एक नामचीन वकील नवाब काकोरी आगे आये और उन्होंने इनसे शादी कर ली और इनका नया नाम बेगम अख्तर रखा। यह थीं बेगम अख्तर जिन्हें हमारा आदाब–अर्ज है।

हनुमान सेतु मदिंर

रेजिडंसी

पंच महल

जी0पी0ओ0 बिल्डिग